**Gebrauchsanweisung
für den Strand**

Stella Bettermann

Gebrauchsanweisung für den Strand

PIPER

Mehr über unsere Autorinnen, Autoren und Bücher:
www.piper.de

Wenn Ihnen dieses Buch gefallen hat, schreiben Sie uns unter
Nennung des Titels »Gebrauchsanweisung für den Strand« an
empfehlungen@piper.de, und wir empfehlen Ihnen gerne vergleich-
bare Bücher.

Von Stella Bettermann liegt im Piper Verlag vor:
Gebrauchsanweisung für die griechischen Inseln

Inhalte fremder Webseiten, auf die in diesem Buch (etwa durch Links)
hingewiesen wird, macht sich der Verlag nicht zu eigen. Eine Haftung
dafür übernimmt der Verlag nicht.

ISBN 978-3-492-27768-6
© Piper Verlag GmbH, München 2023
Satz: Fotosatz Amann GmbH & Co KG, Memmingen
Gesetzt aus der Bembo und der Trade Gothic
Litho: Lorenz & Zeller, Inning am Ammersee
Druck und Bindung: CPI books GmbH, Leck
Printed in the EU

Inhalt

Sehnsuchtsort Strand

Ein Geständnis mit Neidfaktor zuallererst: Ich gehöre zu den glücklichen Menschen, die direkt am Strand wohnen, und blicke vom Wohnzimmerfenster auf Sand und Kiesel. Nachts lullt mich das Rauschen des Wassers in den Schlaf, morgens werden Möwenschreie laut, in die sich das Quaken der Enten mischt.

Enten? Am Strand? Ja, genau, Sie haben richtig gelesen. Enten, Wildgänse, Blesshühner. Und natürlich Schwäne, die am Himmel vorbeiziehen, als wäre es ganz selbstverständlich, 14 Kilo weiß gefiederte Körpermasse einfach so durch die Lüfte zu bewegen.

Dass ich all dies tagtäglich bewundern darf, liegt daran, dass mein Hausstrand nicht etwa an einer Meeresküste liegt, sondern mitten in München. Es handelt sich um den Isarstrand gegenüber der Museumsinsel, unterhalb der Corneliusbrücke. Aber ein Flussstrand ist auch ein Strand und kann bezüglich Beachfeeling durchaus mithalten.

Im Falle »meines« Strandes sieht dies folgendermaßen aus: Eine kleine Steintreppe führt vom Gehweg hinab, und schon befindet man sich in einer ganz anderen Welt, einem Paralleluniversum zur Stadt dort oben. Sofort erzeugen die Schuhe das typisch knirschende Geräusch, das entsteht, wenn man über Kiesel stapft, und das signalisiert, dass man sich nun auf Naturuntergrund bewegt. Währenddessen fährt einem eine kleine Brise ins Haar, denn am ungeschützten Strand ist es ja immer ein bisschen windiger als in den Häuserschluchten der Zivilisation. Und während man dann dasitzt und aufs Wasser blickt, entfaltet der Ort seine besondere Magie, die jedem Strand zu eigen ist und die sich aus einer Mixtur von Gerüchen (Sonnencreme, Grillkohle), Geräuschen (Wasserplätschern) und Gefühlen (Entschleunigung) zusammensetzt.

Wer allerdings findet, ein innerstädtischer Flussstrand könne nicht mit einem »richtigen« mithalten, den lade ich ein, an einem warmen Sommerabend meine Straße zu besuchen, wo die Nachbarn aus unserem sechsstöckigen Mehrparteienhaus mit nichts weiter als einer Badehose und einem lässig über der Schulter drapierten Handtuch bekleidet zum abendlichen Isarbad schlappen.

Ein etwas nachlässiger Kleidungsstil kann übrigens ganz grundsätzlich als Erkennungsmerkmal eines nahe gelegenen Strandes gelten, und dies spätestens seit Coco Chanel 1913 in Deauville in der Normandie ihr erstes Modegeschäft eröffnete. Aus unserer Warte mögen die schlichten Matrosenblusen aus Jersey, die sie den Kundinnen dort seinerzeit verkaufte, recht brav aussehen, im Gegensatz zu den davor üblichen engen Damenkorsetten wirkten sie allerdings regelrecht revolutionär in ihrer Lässigkeit. Außerdem: Damit konnte die gesunde Seeluft endlich auch von Frauen ordentlich tief eingeatmet werden! Die Boutique wurde zum Riesenerfolg, und wie es weiterging mit der Besitzerin, ist allseits bekannt.

Schon lange also ist der Handel mit Beachwear und Badeaccessoires ein nicht zu unterschätzender Wirtschaftszweig, und so manche strandtypischen Waren kommen mittlerweile überall vor. Beispielsweise erfordert es längst keine Küstennähe mehr, um mit Flipflops durch die Gegend zu schlurfen. Und auch der ikonische Strandkorb aus den windigen Gefilden nördlicher Küstenregionen kommt ganz ohne steife Brise aus und wird in windstillen Binnengärten und Gastronomiebetrieben aufgestellt.

Die universelle Ausbreitung solcher Artikel kommt natürlich von der steten Sehnsucht nach Destinationen mit Sand und Klippen (und natürlich: Wasser) für die wenigen Wochen, in denen nicht gearbeitet werden muss und einfach gelebt werden darf. Wenn es dann endlich so weit ist und man am Traumstrand sitzt, dann seufzt man glücklich und tut endlich – nichts. Nichts?

Es gehört zu den Paradoxien der deutschen Befindlichkeiten, dass Abermillionen Bürger Jahr für Jahr begeistert an Meeres- und Seeküsten reisen und viel Geld für Hotels in Strandnähe bezahlen, dann sogar mitunter zu nachtschwarzer Zeit aufstehen, um sich die besten Liegestühle mit ihrem Handtuch zu reservieren – und dennoch der »reine« Strandurlaub als öde und todlangweilig gilt. Irgendwie nicht nachvollziehbar, denn: Mal abgesehen davon, dass sich hinter dem geschmähten Nichtstun am Strand tatsächliche Tätigkeiten wie lesen, schwimmen, sich mit Sonnencreme einschmieren, Sandburgen bauen, Strandspaziergänge machen, Beachball spielen, schnorcheln et cetera verstecken, lästert ja auch im Gegenzug niemand über diejenigen Touristen, die lieber bergwandern gehen. Jeder nach seiner Fasson!

Was man tatsächlich als Strandaktivität wählt, wie man sich dort stylt, was man wann konsumiert, ist dabei nicht nur eine Frage der Moden, sondern natürlich auch der Jahreszeiten. Und so wäre als eines der beliebtesten Strandgetränke längst nicht mehr ausschließlich der Aperol Spritz zu nennen, den die Abendsonne beim Sundowner zum Leuchten bringt, sondern auch der Ingwertee aus der mitgebrachten Thermoskanne, den man nach dem Winterschwimmen mit tomatenroten Gliedmaßen und endorphinbedröhntem Grinsen unter der Wollmütze in sich hineinschlürft. Ein Trend, den wir den Corona-Lockdown-Zeiten zu verdanken haben und der wohl auch das Ende der Maßnahmen überleben wird.

Weil ich Ihnen bereits den (aus meiner Warte) nächsten Strand genannt habe, den ich kenne, möchte ich Ihnen den am weitesten entfernten nicht vorenthalten: Es ist der 13 581 Kilometer südöstlich von München gelegene Cottesloe Beach in Westaustralien – ebenfalls ein Hausstrand, nämlich für die knapp zwei Millionen Einwohner von Perth. Er liegt nur zehn Kilometer vom Stadtzentrum entfernt, man erreicht ihn in rund zwanzig Minuten über eine Art Metro. Nahe der Station erwarten einen dann: Sand, Strand, Surfer, so weit das Auge reicht – Beachfeeling mit echtem Wow-Effekt.

Dabei gilt der Cottesloe Beach bei den Australiern als recht durchschnittlicher Strandstreifen, den insbesondere die ansässige Jugend, die noch keinen motorisierten fahrbaren Untersatz besitzt, frequentiert – ähnlich wie in Deutschland das Freibad und die Bolzwiese im Park. Nur dass die Kids Down Under in ihrer Freizeit eher wellenreiten, statt zu kicken.

Genau den Alltagscharme dieses Strandes fand ich besonders anziehend – ich bin immer fasziniert von Orten, an denen die Strandnähe zum normalen Leben gehört. Ruhige Naturstrände sind natürlich auch wunderbar, keine Frage, auf mich üben alle Strände eine regelrechte Sogwirkung aus, ich kann ihnen nicht widerstehen – auch wenn ich gar nicht zum Strandurlaub da bin.

Und so muss ich beispielsweise im November in Venedig trotz Windes auf dem Lido den Adriastrand entlangstapfen und fühle mich danach im Vaporetto regelrecht paniert. Und wenn Sie mal jemanden beobachten, der Anfang April in New York auf Coney Island die Schuhe auszieht und die Wassertemperatur prüft (eiskalt!), bin das höchstwahrscheinlich ich.

Hervorgerufen wurde meine Strandliebe wahrscheinlich durch ein Poster, das ich mit knapp 14 Jahren in meinem damals neu gestalteten Jugendzimmer aufhängen durfte. Es zeigte einen Traumstrand samt Pärchen bei Sonnenuntergang und harmonierte farblich bestens mit der Tapete (braunorange Blüten auf beigem Untergrund, typisch Seventies). Das Pärchen küsste sich, und zwar – nackt! Vielleicht aber doch mit Badesachen an. Das konnte man nicht richtig erkennen, da von dem Paar nur die Umrisse im Gegenlicht auszumachen waren. Jedenfalls hielten mich meine gleichaltrigen Freundinnen wegen des Posters plötzlich für cool. Außerdem wachte ich nun jeden Morgen mit Strandblick auf und schlummerte nachts zum Sound einer erträumten Brandung ein – so was prägt!

Auch heute, Jahrzehnte später, hat sich kaum etwas geändert (außer natürlich, dass ich keine Pärchenposter mehr aufhänge). Doch das Bewundern eines schönen Sonnenuntergangs am Strand gilt unter Deutschen nach wie vor als das Allerromantischste, was ein Paar unternehmen kann, es besitzt den höchsten Romantikfaktor überhaupt − noch vor Candle-Light-Dinner und Frühstück im Bett. Das ergab erst jüngst eine kleine Umfrage eines Touristikunternehmens namens Sandals Resorts International, das auf Pärchenurlaube spezialisiert ist.

Mit romantisch aufs Meer blicken hört es allerdings nicht auf − das ist oft nur das Vorspiel. Von dort aus geht es dann direkt weiter zum Thema Sex am Strand. Zumindest in der Fantasie. Beim Strandsex handelt es sich um die erotische Urlaubsfantasie Nummer eins, die Mehrheit der Deutschen träumt davon (genauer: 69 Prozent der Männer und 57 Prozent der Frauen, wie die Paarvermittlungsbörse ElitePartner ermittelte). Träume sind allerdings bekanntermaßen oft schöner als die Realität, und in dieser kann der Strandsex durchaus unangenehm werden.

Die rein körperlichen Gefahren werden in regelmäßigen Abständen von der Boulevardpresse und in Frauenzeitschriften erörtert. Es geht dabei überwiegend um die Auswirkungen von Sand, und zwar ganz konkret darum, wo man ihn garantiert nicht haben möchte, und ähnliche, eher unappetitliche Themen.

Weniger häufig werden die strafrechtlichen Risiken von Beachsex abgehandelt, dabei sind die mitunter überraschend drastisch. In Dänemark beispielsweise, das sonst nicht als übertrieben sittenstreng gilt, drohen Gefängnisstrafen von bis zu vier Jahren, wenn man erwischt wird. In Rumänien sind es sogar sieben! Zu tatsächlichen Verurteilungen kommt es aber wohl eher selten. Lediglich aus den USA ist ein Fall bekannt, in dem ein Pärchen tat-

sächlich zu zweieinhalb Jahren Knast verdonnert wurde –
und zwar ausgerechnet in Florida, dem Bundesstaat, in
dem der Cocktail »Sex on the Beach« erfunden wurde
(dazu an späterer Stelle mehr).

In der Realität ist es natürlich nicht so, dass ständig
Polizeigeschwader die Strände entlangpatrouillieren, um
amouröse Entgleisungen zu ahnden. Was daran liegt, dass
da (außer in der Fantasie) kaum welche stattfinden. Laut
Umfragen wird als wahrer Austragungsort von Sex im
Urlaub, ganz banal, zu 96 Prozent das Hotelbett genannt.
Und auch privat werden einem nicht gerade oft Beach-
Sexkapaden berichtet. Mir persönlich wurde lediglich ein
Strandsex überliefert: Eine Jugendfreundin erlebte an der
italienischen Riviera mit einem einheimischen jungen
Mann ihr erstes Mal. Es war nur so lala, meinte sie, aber
das muss nicht zwingend am Strand gelegen haben.

Huch, jetzt waren wir tatsächlich schon beim Sex!
Dabei haben wir noch nicht mal verhandelt, wie Strand
überhaupt definiert ist. Das muss schleunigst nachgeholt
werden!

Wikipedia weiß da wie immer die korrekte Antwort.
Laut der Internetenzyklopädie ist ein Strand ein »flacher
Küsten- oder Uferstreifen aus Sand oder Geröll«. Klingt
ein bisschen ernüchternd. Und es geht ebenso nüchtern
weiter: »Im Unterschied zu Stränden … aus Kies oder Geröll (Steinstrand) gelten Sandstrände, insbesondere weiße,
als wichtiges Merkmal für Urlaubsorte und Ferienhotels.«
Und natürlich für Träume, Sehnsüchte, Glücksmomente,
möchte man da hinzufügen. Aber gut.

Wahr ist: Wenn schon der Strand an sich einen Topos
des Glücks darstellt, so gilt weißer Sand als Gradmesser
dieses Glücks, ist er doch quasi der Sand allen Sandes.

Oder: das Idealbild des Sandes. Oder: Sand hoch zehn. Oder gibt es jemanden, der bei den Worten »schneeweißer Puderzuckersand« nicht in Verzückung gerät?

Aber schneeweißer Puderzuckersand ist nicht billig zu haben, beziehungsweise sind (Fern-)Reisen zu Destinationen mit solchem Strandbelag kein Schnäppchen. Bei der Auflistung der Namen der Traumorte, an denen er vorkommt, spürt man fast schon Schnappatmung in der Geldbeutelregion: Malediven! Südsee! Karibik! Da wird das Sanderlebnis kostbar und der weiße Sand zum echten Wirtschaftsfaktor. Daher liegt es vielleicht am Sozialneid, dass gerade dieser weiße Traumsand in den letzten Jahren in der Presse böse verunglimpft wurde. Der besonders weiße Pudersand soll, so heißt es, einfach nur aus Fischkot bestehen. Ach du (weiße) Scheiße!

Tatsächlich ist die Sache mit dem Kot nicht ganz richtig, es handelt sich vielmehr um sehr fein zermahlenen Korallenkalk, der allerdings tatsächlich von Fischen ausgeschieden wird, insbesondere Papageifischen. Die ernähren sich nämlich von Algen, die auf weißen Korallen wachsen, und dabei schaben sie mit ihren schnabelartigen Zähnen Bestandteile der Korallen selbst ab. Dann scheiden sie diese Korallensubstanzen in Sandwolken im Wasser aus, und diese feinen Sandwolken schließlich lagern sich am Strand ab, allerdings sauber gereinigt vom Meer, sodass es niemanden davor zu ekeln braucht.

Am Rande wäre nur zu bemerken, dass es sich dabei um erstaunliche Mengen von Sand handelt – ein ausgewachsener Papageifisch mit einer Größe von 25 bis 40 Zentimetern »produziert« bis zu 320 Kilo Sand pro Jahr.

Noch ein paar Fakten: Weißer Sand kann auch aus zerriebenem Quarz bestehen, ebenso wie (gold-)gelber

Sand. Schwarzer Sand, so wie mitunter auf den Kanaren, besteht dagegen aus Lavagestein. Auch roter (eisenhaltiger) Sand kommt mancherorts vor, ebenso wie rosafarbener, zum Beispiel auf Sardinien, an der Spiaggia Rossa, wo rote Korallenpartikel den Sand färben. Es gibt sogar grünen Sand, und zwar am Green Sand Beach auf Hawaii. Auch er besteht aus Gestein vulkanischen Ursprungs, dem Olivin.

Wie fein der Sand ist, hängt übrigens von der Neigung des Meeresbodens vor der Küste ab. Wo es eher sacht in die Tiefe geht, werden die Körner besonders intensiv von den Wellen zerrieben. Die Teilnahme von Wasser ist zudem dafür verantwortlich, dass der Sand und die Kiesel an Meeres- oder Flussufern abgerundete Kanten besitzen – im Gegensatz zu scharfkantigem Wüstensand, der vom Wind und nicht vom Wasser geformt wird.

Aber trotz aller Abrundung: Sand kann natürlich nerven, manche Leute können ihn gar nicht ausstehen. Besonders manche Eltern fühlen sich regelrecht verfolgt davon, das beginnt bereits beim Sandkastensand im ganz normalen Alltag, und man kann ihnen den Hass auf den Sand kaum verdenken. Tag für Tag klopfen sie den Nachwuchs am Spielplatz ab und leeren die Kinderschuhe, aber dann rieselt doch immer irgendwas von dem Teufelszeug aus einem hochgekrempelten Hosenbein oder einer Innentasche, und schon knirscht es wieder im ganzen Haus bei jedem Schritt. Dann fährt man in den Badeurlaub ans Meer, und es wird nur schlimmer, mit Sand im Haar, im Bett, in der Dusche und auch sonst überall.

Dabei braucht es für das Urlaubsfeeling gar keinen Sand, wie die fabelhaften Felsenküsten unter anderem von Kroatien und Madeira aufs Schönste unter Beweis stellen.

Daher plädiere ich dafür, auch Felsenufer in die Kategorie Strand mitaufzunehmen – Felsstrand ist ja irgendwie auch Strand, wenn auch ohne Kiesel und Sand.

Es ist also so, dass der Strand gar keinen Sand braucht. Andersrum reicht Sand allein schon aus, um Beachfeeling auszulösen – auch ganz ohne Meer, Fluss oder Tümpel oder auch nur einen einzigen Tropfen Wasser. Ich spreche von Stadtstränden, diesen kleinen Sandoasen, die es mittlerweile in jedem größeren Ort gibt (oft auch Strandbar oder Beachclub genannt). Das Konzept funktioniert eigentlich überall – auf Hausdächern, öffentlichen Plätzen, in Hinterhöfen oder Industriebrachen. In Ingolstadt beispielsweise schmiegt sich ein Stadtstrand zwischen Ringstraße und Gewerbegebiet, und der Zauber funktioniert bei aller Trockenheit (und Abgasen). Es muss also eine Art Urinstinkt sein, der erwachsene Menschen auf Sand umgehend Schuhe und Strümpfe abstreifen und tief durchatmen lässt (und natürlich kann man sich mit Schuhen im Sand sowieso nicht anständig fortbewegen). Wenn dann auch noch ein paar Liegestühle rumstehen, gelingt die Illusion fast vollständig, und alle fühlen sich umgehend wie im Kurzurlaub.

Die Mutter aller Stadtstrände liegt in Paris, seit 2002 wird die Paris Plage jedes Jahr in den Sommermonaten installiert, als innerstädtisches Erholungsparadies für die zu Hause gebliebenen Pariser und ihre Gäste (ein Teil des Strands liegt durchaus am Wasser, dem Seineufer, dem ansonsten aber keine Urlaubsqualitäten anhaften, denn es handelt sich um ein Kanalufer ohne Bademöglichkeit; aber auch vor das Rathaus wird Sand geschüttet, der übrigens per Frachtschiff aus der Normandie herbeigeschafft wird). Man kann hier Boule spielen oder einfach relaxen, es gibt zahlreiche Essensstände, und abends kann auf Club-Booten an der Seine getanzt werden.

In jedem Fall hatten die Pariser mit dem Modell Stadtstrand eine grandiose Idee, mittlerweile vermehren sich die Kunstbeaches, werden immer beliebter und machen sich dabei selbst Konkurrenz. In Berlin beispielsweise zählte ich bei Google Earth im Sommer 2022 stolze zehn Stück (die an Seebädern wie dem Wannsee, wo immer schon Sand lag, natürlich nicht mitgerechnet).

So schön sie auch sein mögen – verglichen mit echten Stränden wirken sie alle allerdings nur wie Sandkästen für Erwachsene. Ein echter Strand ist schon was ganz anderes, darüber sind wir uns hier sicherlich einig, und um einiges schöner. Welcher der allerschönste ist – das würde ich Ihnen gerne verraten. Leider ist dies auch ein wenig Geschmackssache und liegt im Auge des Betrachters, deswegen steht auf jeder Liste, die sich googeln lässt, ein anderer Spitzenreiter. Außerdem wird das Thema stark von Lokalpatriotismus bestimmt. So wird man zum Beispiel eher selten einen Spanier finden, der sagt, die allerbesten Strände liegen gar nicht in seinem Land, sondern in Griechenland – und umgekehrt.

Außerdem scheint die Beliebtheit von Stränden bestimmten Moden zu unterliegen, und manche Orte, die mal traumhaft waren, sind heute einfach nur noch zugebaut und vollgemüllt. Oder viel zu voll. So beispielsweise der Strand von Ipanema in Rio, einstmals der Traumstrand schlechthin und berühmt für seine Bikinischönheiten und die Fotos von Bruce Weber. Er wurde sogar besungen, in dem brasilianischen Hit »The Girl from Ipanema«, der besonders in der Interpretation von Astrud Gilberto jedem ein Begriff ist (wobei mit Ipanema nicht nur der Strand, sondern das ganze Viertel gemeint war, für das der Strand aber sinnbildlich steht). Doch mittlerweile ist Ipanema zu einem der schrecklichsten Strände weltweit geworden, das behauptet zumindest die Reiseführerreihe Marco Polo. Denn er ist so überlaufen, dass man ihn eigentlich gar nicht mehr sieht – vor lauter Sonnenschirmen und Menschen.

Die Attraktivität eines Strandes ist also immer mit einem Haltbarkeitsdatum versehen, da, wo es gerade am schönsten ist, kann morgen eine Umweltkatastrophe, wie zum Beispiel ein Tankerunglück, alles zerstören. Oder eine übergroße Beliebtheit bei Instagram. Darum kann es sich immer nur um eine vorübergehende Statistik handeln.

In nahezu jedem der Rankings der letzten Jahre wird ein Strand auf den Seychellen als der schönste oder einer der schönsten genannt: Anse Source d'Argent auf der Insel La Digue. Neben weißem Sand und türkisfarbenem Meer gibt es hier Felsformationen zu bestaunen, die ein wenig wie kauernde Elefanten im Sand wirken. Ebenfalls auf so gut wie jeder Liste weit oben angesiedelt: der Whitehaven Beach auf der australischen Insel Whitsunday Island. Er besteht zu 99 Prozent aus Quarzsand und gilt als der weißeste Strand der Welt (und zwar ganz ohne Fischkot). Eine weitere Berühmtheit ist der Shipwreck Beach auf der griechischen Insel Zakynthos, das Panorama kennt wohl jeder: Steilküste, leuchtend blaues Meer plus altes, im Sand halb versunkenes Wrack. Alle drei genannten Strände werden wohl noch lange beliebt (und schön) bleiben, denn sie liegen in Naturschutzgebieten – Bettenburgen mit Touri-Unterbringung und Massenpublikum sind also nicht zu erwarten!

Während der Begriff der Schönheit immer ein wenig subjektiv bleibt, gelten bei anderen Kriterien feste Regeln – zum Beispiel darüber, welches der längste Strand der Welt ist: Er verläuft vom brasilianischen Molhes da Barra zur uruguayischen Grenze, es ist die Praia do Cassino, die stolze 254 Kilometer zählt – und das ist ein Fakt.

Im Gegensatz dazu gilt der Gulpiyuri-Strand in Asturien als kleinster Strand der Welt. Aber eigentlich ist hier nicht nur der Strand klein, sondern sogar das Meer – es handelt sich nur um ein winziges Tümpelchen Binnenmeer, mitten im Land, hundert Meter vom »richtigen« Ozean entfernt. Und doch wird dieser Wasserabschnitt von frischem Meerwasser gespeist, was an den Schwankungen der atlantischen Gezeiten liegt. Apropos liegen: Man kann sich hier sehr angenehm auf besonders weichem, goldgelbem Sand ausstrecken.

Vor lauter Sand haben wir nun leider die Kieselstrände sträflich vernachlässigt, die selbstverständlich ebenfalls erwähnenswert sind. Zuallererst möchte ich da natürlich auf meine heimischen Isarkiesel zu sprechen kommen, die zumeist grau sind, manchmal mit hübschen weißen Adern durchzogen, weswegen meine Tochter sie als kleines Kind sammelte und nach Hause trug, und zwar in einem Ausmaß, dass ich schon fürchtete, die Bodenhaltbarkeit in unserer Mietwohnung könnte Schaden nehmen (weshalb wir die Kiesel eines Tages, als meine Tochter älter war, »befreiten« und einen Nachmittag lang in mehreren Stationen zurück in ihr natürliches Habitat runter ans Wasser schleppten).

Jedenfalls handelt es sich bei dieser Geschiebefracht aus der Isar (so heißen Flusskiesel wirklich!) überwiegend um Karbonate aus der Triaszeit, und zwar genauer gesagt um

Flachwasserkalke und Dolomite sowie Riffkalke, die in den Randbereichen eines Urmeeres namens Thetys gebildet wurden. So habe ich das nachgelesen. Wahrscheinlich verstehen Sie jetzt, ebenso wie ich, nur Bahnhof (es sei denn, Sie haben Geologie studiert), aber vielleicht finden Sie es ebenso faszinierend, dass der gemeine, vollkommen banale Flusskiesel aus einem Urmeer mit einem Namen wie aus *Game of Thrones* stammt! Interessant ist außerdem, dass in früheren Hochkulturen Kieselsteine zum Zählen und Rechnen verwendet wurden und als didaktisches Mittel galten – auf jeden Fall haptischer als Taschenrechner.

Aber wo hört der Sand auf und fängt der Kies an? Geologen sprechen bis zu einer Korngröße von zwei Millimetern von Feinkies, alles, was kleiner ist, gilt als Sand. Bei 63 Millimetern dagegen endet der Kiesel, und es handelt sich um einen Stein.

Ähnlich wie die Sandstrände bestehen auch die Kiesstrände aus unterschiedlichem Gesteinsmaterial, im britischen Brighton beispielsweise aus hartem Flint, der aus erodierendem Kalk der Steilklippen herausgewaschen wurde. Die roten Kiesel und Steine auf Helgoland hingegen sind aus Buntsandstein.

Fast überall an Kiesstränden werden heutzutage Türmchen aufgestapelt, manche Strandbesucher stapeln sogar hauptsächlich hoch und baden gar nicht mehr. Dieses Stapeln ist eine recht moderne Angewohnheit, vergleichbar mit dem Drang Frischverliebter, gravierte Schlösser an Brücken anzubringen (und mit deren Beseitigung immense Kosten zu verursachen). Das Türmchen-Aufstapeln ist sogar noch schädlicher, obwohl es auf den ersten Blick harmlos wirken mag. Doch tatsächlich wird dadurch die Natur zerstört, weil man Kleintieren und Insekten den Lebensraum nimmt.

Besonders betroffen von dem Stapelwahn, der (natürlich) ein Instagram-Trend ist, ist die Bucht Playa Jardín auf Teneriffa, wo die Gemeinde 2019 Umweltschützer anheuern musste, um die Türmchen wieder abzubauen. Man kann sie nämlich nicht einfach umwerfen, denn dann würden die Steine eventuell zerbrechen, und damit würde nur noch größerer Schaden entstehen. 150 Menschen bauten also die Türme ab, die aber zum Teil von beratungsresistenten (oder einfach ignoranten) Strandbesuchern schon wieder aufgeschichtet werden.

Ich persönlich konnte den Trend ohnehin nie nachvollziehen, da aufgeschichtete Steine ja ein Symbol für jüdische Gräber darstellen und von daher eher traurig anmuten. Heute werden Kiesel auf die Gräber gestapelt, in früheren Zeiten, als es noch keine Grabsteine gab, ersetzten sie diese und schützten zudem das Grab. Auch Traueroder Kondolenzkarten ziert oft dieses Symbol der aufgestapelten Kieselsteine.

Eine Milliarde Menschen lebt in Küstenregionen und hat es von daher naturgemäß geografisch nie allzu weit an einen Meeresstrand (wobei sie oft zuerst Hafenanlagen, Werften etc. umfahren muss). Wenn man all jene, die an Binnensee- und Flussstränden leben, zu der Milliarde in Meeresküstenregionen dazuzählt, kommt man auf die Hälfte der Menschheit. Der Hintergrund dieser massenhaften wassernahen Ballung ist einleuchtend: Flüsse, Seen, Meere begünstigten von jeher Handel und Wirtschaft und ließen Industrien entstehen.

Dass dieser Wettbewerbsvorteil in einen Nachteil kippen kann, weiß man nun schon eine ganze Weile: Die

Ansiedlungen der Milliarde küstennah Lebenden sind nun gefährdet, natürlich wegen des Meeresspiegelanstiegs. Wer glaubt, dass der Strand im Fall der Fälle einfach ein paar Meter nach oben rutscht und irgendwie überlebt, irrt – schon jetzt sind Sand und Kiesel bedroht, so als handelte es sich um exotische Tiere und nicht um Teilchen von Kalk und Quarz. Strand ist dabei sogar diversen Gefahren ausgesetzt: Zum einen wird ihm durch (Industrie-)Ansiedlungen der Platz genommen. Zum anderen wird sein Sand in höchst unverträglichem Ausmaß weggeschaufelt und abgesaugt, für Bauvorhaben weltweit. Bis kaum noch etwas übrig bleibt, so die nicht unberechtigte Angst.

Andererseits ist die Liebe zum Strand selbst eine Gefahr, jeder Flugkilometer zum Lieblingsstrand trägt dazu bei, ebendiesen zu zerstören. Wahrscheinlich müssen wir uns also angewöhnen, Strände eher als Idealbild zu verehren und die Uferabschnitte auf Amrum, Kreta oder den Malediven öfter von unserer Anwesenheit zu verschonen. Ohnehin gilt ja: »Unter dem Pflaster liegt der Strand.« So sahen es jedenfalls die alten Spontis in den 70er-Jahren. »Strand« stand dabei für Freiheit, Wildheit und Natur.

Es sind die geistigen Enkelkinder dieser ehemaligen Kämpfer, die nun für die Rettung des Klimas (und somit der Strände) eintreten, Gruppen wie Fridays for Future, und man kann sie nur hochleben lassen. Am besten an einem CO_2-frei erreichbaren Strand wie dem vor meinem Haus, mit einer schönen Tasse Ingwertee in der Hand.

Historie des Strandbesuchs

»Und Gott sprach: Es werde Licht. Und es wurde Licht! Und es war gut!«, so steht's im Buch Genesis. »Daraufhin sagte Gott: Es werde Strand. Und es wurde Strand! Und es war gut!« Okay, letzteres Bibelzitat lässt sich nicht verifizieren. Und doch fände ich es plausibel. Denn die Geschichte der Menschheit ist ja eng verwoben mit dem Strand, der in prähistorischen Zeiten, vor dem Schiffsbau, einziger Berührungspunkt mit Gewässern war. Am Strand fanden unsere Vorfahren Nahrung – Krebse, Muscheln, Fische (schon vor 140 000 Jahren wurde Fisch gefangen). Ganz sicher wurden Barbecues veranstaltet und Strandspaziergänge unternommen!

Eines der ältesten Zeugnisse eines solchen Spaziergangs stammt aus Le Rozel in der Normandie, wo 80 000 Jahre alte Fußspuren einer Gruppe von Neandertalerkindern (und ein paar Erwachsenen) gefunden wurden. Es war ein bahnbrechender Fund, der die Experten wegen zwei Details verblüffte. Erstens: Die anwesenden Erwachsenen waren mit bis zu 1,75 Metern größer, als man es bei Neandertalern für möglich gehalten hatte. Und zweitens: In der Gruppe befanden sich überraschend viele Kinder und Jugendliche, mehr als in anderen Gemeinschaften von Neandertalern, deren Spuren man entdeckt hatte.

Wachstum und Fruchtbarkeit – ich weiß nicht, welche Konklusion die Wissenschaftler daraus gezogen haben, aber für mich als Laien klingt es so, als ob es den urzeitlichen Leutchen in ihrem Strandrevier recht gut ergangen sei. Wahrscheinlich war ein naher Strand seinerzeit sogar ein Überlebensvorteil.

Im Falle des Nildeltas war das bekanntermaßen so. Durch die Überschwemmungen des Flusses entstanden höchst fruchtbare Uferebenen, außerdem schenkte der Nil dem Menschen (der nun längst in der Lage war, Boote zu bauen) genügend Fisch. Dies (und weitere günstige Faktoren) waren dafür verantwortlich, dass eine der frühesten Hochkulturen der Menschheit entstehen konnte.

Doch die Ägypter nutzten den Nil nicht nur, um Nahrung zu erwirtschaften, sondern auch für eine ganz naheliegende Tätigkeit, die auch wir am Strand betreiben: Sie gingen schwimmen. Auch die Frauen. Das Schwimmen gehörte zum guten Ton im alten Ägypten. Favorisierter Schwimmstil soll übrigens das Kraulen gewesen sein.

Schwimmen und Strand – auch dies gehört also von jeher zusammen. Unsere Strandclique aus dem Jahr 80 000 vor Christus in der Normandie konnte ebenfalls schon schwimmen, höchstwahrscheinlich jedenfalls. Ganz sicher aber beherrschten die auf die Neandertaler folgenden Steinzeitmenschen etwas später diese Kulturtechnik – das ist bekannt seit der Entdeckung der Höhle der Schwimmer in der Sahara im Jahr 1933.

An dieser Stelle unserer Geschichte kommt übrigens Hollywood ins Spiel, denn der Entdecker dieser Höhle war kein anderer als »Der englische Patient« – Graf László Almásy, die Hauptfigur aus dem mit neun Oscars ausgezeichneten Film von 1996. Er fand die geschätzt 4000 bis 9000 Jahre alten Malereien in der Steinhöhle Gilf el-Kebir in Ägypten – skurrilerweise mitten in der Wüste Sahara, wo es weit und breit kein Wasser gab.

Almásy war jedoch keineswegs Engländer, sondern ungarischer Aristokrat – so weit stimmt die Realität mit dem Film überein. Ansonsten hatte der echte Almásy mit der im Film von Ralph Fiennes verkörperten Figur aber nur noch ein paar Eckpfeiler gemein. Er erlitt glücklicherweise im wahren Leben keine Brandverletzung, die ihn entstellte. Aber auch sein Leben war außergewöhnlich, in jungen Jahren beispielsweise war er Rennfahrer. Später begab er sich auf Expedition und suchte nach der sagenumwobenen verschwundenen Oase Zarzuela (dies klingt allein schon wie ein Filmtitel!). Während dieser Forschungsreise fand er die besagten Höhlenbilder. In seiner Abhandlung darüber schrieb er, dass es sich bei den Schwimmdarstellungen wohl um die Wiedergabe urzeitlicher Alltagstätigkeiten handele – und es am Fundort früher Gewässer gegeben haben müsse, die infolge eines Klimawandels mittlerweile verschwunden seien (und war mit dieser Meinung seiner Zeit absolut voraus).

Großer Zeitsprung ins antike Griechenland: Auch dort wurde (selbstverständlich) geschwommen. Die alten Griechen glaubten nämlich, dass der Geist Ertrunkener keine Ruhe finde – und niemand wollte riskieren, als

Geist umherzuwandeln. Das Schwimmen zu beherrschen gehörte außerdem zur Bildung, so wie Lesen und Schreiben.

Ich habe selbst griechische Vorfahren, und so, wie ich die Griechen kenne, kann ich mir nicht vorstellen, dass sie nur eben kurz ins Wasser gehüpft und dann fix nach Hause marschiert sind. Ich denke, sie haben sicher am Strand gegessen, denn Schwimmen macht hungrig. Wahrscheinlich gab's gegrillten Fisch, vielleicht danach einen langen Mittagsschlaf im Sand unter Tamarisken.

Im alten Rom dann gehörte Schwimmen zur militärischen Grundausbildung, Lernende nutzten Schwimmhilfen aus Binsenstroh als antike Rettungsringe. Römer und Griechen kannten außerdem bereits die therapeutische Wirkung von Meerwasser. Das erste römische Kurbad war Baiae nördlich von Neapel, das später durch Vulkantätigkeiten im Meer versank. (Man kann es trotzdem besichtigen, allerdings braucht man dazu eine Tauchausrüstung, denn es handelt sich um ein Unterwassermuseum.)

Noch heute ist der heilende Effekt eines Meeresbades in Griechenland im Alltag äußerst präsent, denn dort »verschreiben« die Ärzte älteren Menschen pro Sommer vierzig Meeresbäder. Wenn Sie also in einer griechischen Bucht Grüppchen von älteren Damen mit großen Strohhüten auf dem Kopf angeregt plaudernd im Wasser dümpeln sehen (Sie brauchen nicht lange Ausschau zu halten – es gibt sie überall!), dann kann ich Ihnen schon mal übersetzen, worum es geht: nämlich darum, wer wie viele Bäder diesen Sommer schon abgehakt hat, wie viele man noch ableisten will und wo.

Im Mittelalter verlernten die Menschen dann leider das Schwimmen und blieben auch dem Strand möglichst fern, denn Meere, Seen und Flüsse galten als Brutstätten von Krankheiten und Aufenthaltsort von Ungeheuern und gefährlichen Tieren. Jahrhundertelang konnten nicht mal die Seeleute schwimmen. Dies war noch zum Erscheinen von Herman Melvilles »Moby Dick« im Jahr 1851 nicht anders.

Doch die Zeit war schon dabei, sich zu ändern. Mit der von Locke und Rousseau angetriebenen Aufklärung galt Körperertüchtigung in der Natur plötzlich wieder als gesund, und so erlebte das Schwimmen (und damit der Strand) ein Comeback.

Als Vorreiter ist in diesem Zusammenhang das britische Brighton zu nennen, wo schon ab 1753 Kurgäste empfangen wurden. 1780 war Brighton schließlich allgemein als Kurort etabliert und wurde von denen, die es sich leisten konnten – also Mitgliedern des Adels und der höheren Gesellschaftsschicht –, bereits rege frequentiert. Durch die folgende Bahnverbindung wurde es dann auch für die Massen erreichbar, die dem Thronfolger und späteren König George IV. folgten – er ließ sich hier einen antik anmutenden Junggesellentempel errichten, den Royal Pavilion, wo er sich mit seiner Geliebten verlustierte.

Damals existierte noch kein Internet, deshalb dauerte es eine Weile, bis sich der Badetrend international ausbreitete, doch 1793 gab es endlich auch bei uns ein erstes Seebad, und zwar in Heiligendamm. Danach ging es Schlag auf Schlag, Ostsee und Nordsee füllten sich mit Menschen.

Zunächst badete man mithilfe von sogenannten Badeschiffen, kleinen Anhängern, die von Pferden ins Wasser gezogen wurden. Erst vom Badeschiff aus ging man ins

Wasser, und zwar nackt – zumindest, wenn man ein Mann war. Frauen hingegen konnten nicht einfach unbekleidet baden, das gehörte sich nicht. Sie mussten sich eine Art langen Sack umhängen, damit auch garantiert nichts zu sehen war. Dabei nutzten Männer und Frauen unterschiedliche Strandbereiche (oder Uhrzeiten). Außerdem waren die Strände zu der Zeit von Zäunen und Sichtschutz umgeben. Trotzdem waren die Frauen nicht vor den Blicken der Männer in Sicherheit. Es gibt alte Karikaturen, auf denen man sieht, wie die Wellen den Damen die Schutzkleidung hochschieben – und die Herren am Strand hinterm Zaun Spalier stehen und spannen.

Erst um das Jahr 1900 lockerten sich die Sitten (ein wenig), Männer und Frauen zogen gemeinsam an den Strand – allerdings nicht nackt, sondern in Badebekleidung. Die war mittlerweile erfunden worden, nur leider zum Schwimmen nicht wirklich geeignet, denn die Badeanzüge waren – insbesondere die für Frauen – viel zu schwer, sodass man damit untergegangen wäre. Doch konnte man sich am Strand aufhalten und mit den Füßen im Wasser planschen – mehr wollten die meisten sowieso nicht. Abgesehen davon konnte immer noch kaum jemand schwimmen – außer den einfachen Leuten. Die sprangen »einfach so« nackt ins Wasser, Männlein und Weiblein gemeinsam, aber das zählte nicht – was zählte, war lediglich das Benimm der besseren Schicht.

Und doch demokratisierten sich die Seebäder und erfreuten sich allmählich immer größerer Beliebtheit auch bei der werktätigen Bevölkerung, denn die bekam immer öfter freie Tage zugestanden, um sich zu erholen, sodass Arbeiter und Angestellte sich angewöhnten, für Wochenenden oder Tagesausflüge anzureisen. Die Strandbäder wurden daher ausgebaut, oftmals wurden prächtige, lange Holzstege errichtet, an denen Schiffe anlegten.

Es ist der 28. Juli 1912, ein Sonntag, an dem besonders viele Menschen in das Seebad Binz auf Rügen ziehen, wo an jenem Tag ein Pferderennen stattfindet. Es ist proppe-voll. Am späten Nachmittag schließlich legt der Ausflugs-dampfer *Kronprinz Wilhelm* am 560 Meter langen Holzsteg an, um noch mehr Gäste zu bringen. 200 Menschen be-finden sich bereits dort, sie wollen aufs Schiff oder einfach dabei sein, wenn es anlegt, als der Holzsteg – aus nie ganz geklärten Gründen – auf zehn Metern Länge zusammen-bricht und über hundert Menschen ins sechs Meter tiefe Wasser reißt.

Sofort wirft die Schiffsbesatzung Taue und Rettungs-ringe aus. Dennoch versinken viele Menschen in der Tiefe – selbst Schwimmer können sich wegen der schwe-ren Bekleidung, die sich mit Wasser vollsaugt, nicht ans Ufer retten. 16 Menschen lassen ihr Leben in den Fluten. Nach dem Unglück wird die DLRG gegründet, die Deut-sche Lebens-Rettungs-Gesellschaft, von der bis heute Ret-tungsschwimmer ausgebildet und Schwimmkurse abgehal-ten werden.

Nur zehn Jahre später ist das Bild an den deutschen Stränden ein ganz anderes als zu Zeiten des Unglücks von Binz: Die Frauen springen in Badeanzügen ins Wasser, die fast so knapp geschnitten sind wie heute, und genießen ihre neue Freiheit und Beweglichkeit. Es sind die wilden Zwanzigerjahre, die Sitten sind lockerer, die Frauen (auch jenseits des Strandes) mit ihren nun kürzeren Röcken und Bubiköpfen emanzipiert und sportlich. Noch kurz zuvor schickte es sich nicht, wenn Frauen am Strand Ball spielten, doch nun tun sie es einfach, und dies gar leicht bekleidet.

Doch die Ära der neuen Freiheit währt nicht lange, weder am Strand noch anderswo, und 1932 kommt der sogenannte Zwickelerlass, eine Badeverordnung, in der unter anderem genau geregelt ist, wie breit der Abschluss des Badeanzugs am Schenkel zu sein hat – nämlich sehr viel breiter und züchtiger als in den fröhlichen Zeiten davor. Bald darauf, ab 1933, wurde die Freizeit der Deutschen unter dem Nazimotto »Kraft durch Freude« durchexerziert, und auch sonst senkten sich zwölf Jahre Düsternis über Land und Strand.

In der Zwischenzeit waren auch in anderen Winkeln der Welt stattliche Badeorte entstanden, wobei erneut die Briten als treibende Kraft zu nennen wären – auch für die Ferienziele an der französischen Riviera. So zog es im 18. Jahrhundert zahlreiche Briten an die Südküste Frankreichs, um auf Empfehlung des seinerzeit berühmten schottischen Arztes Dr. John Brown am Meer eine Klimakur zu machen – darunter viele Tuberkulosekranke. Davor war die Côte d'Azur eine landwirtschaftlich geprägte, eher ärmliche Gegend gewesen, in der Oliven gezüchtet und aus im nahen Grasse angebauten Blumen (Lavendel-) Parfüm produziert und verkauft wurde. Nun aber wurde die schöne Küste ein Hotspot für Royals, wie man heute sagen würde. Königin Viktoria war da, ebenso Napoleon III. Viele der adligen Gäste siedelten schließlich ganz über oder verbrachten wenigstens ihre Sommer hier, und so entstanden immer mehr stattliche Villen. Auch einige Mitglieder des russischen Zarenhauses liebten Südfrankreich, deshalb wurde sogar eine russisch-orthodoxe Kathedrale (Saint-Nicolas de Nice) in Nizza errichtet.

Ein paar reiche Gäste in ihren Kutschen genügten natürlich nicht – wirklich in Fahrt (im wörtlichen Sinne) kam die Entwicklung an der Côte d'Azur (und an allen Badeorten) durch die Eisenbahn. Erst durch Erreichbarkeit für nahezu jedermann begannen die Orte zu florieren.

Eine Ausnahme im Reigen der Seebäder bildet Biarritz – das war bereits im Mittelalter wohlhabend, und zwar durch den Walfang. Es existiert sogar ein Entstehungsmythos der Stadt: Dem schönen Fischermädchen Miarritze erschien Gott im Traum und versprach, ihr die Seele seines Dieners Martin zu schenken. Er sollte als bunter Vogel kommen, der einen Fisch mit goldenen Schuppen im Maul trug. Tatsächlich sichtete man in der Bucht dann einen Eisvogel (der dort Martinsvogel heißt). Motiviert davon, bauten die Dorfbewohner Schiffe und gingen auf Walfang. Schließlich heiratete Miarritze den Anführer der Mannschaft eines gestrandeten Schiffes aus der Gascogne, einen Biarrin. Daraus entstand dann der Name Biarritz.

Im 19. Jahrhundert jedoch gab es bereits keine Wale mehr in der Gegend, und dies ist kein Mythos, sondern bittere Realität – die Walfänger hatten die Meeressäuger dort ausgerottet. Biarritz drohte in Bedeutungslosigkeit zu versinken, wurde dann aber von der französischen Kaiserin Eugénie, der Frau Napoleons III., entdeckt und entwickelte sich schließlich zum noblen Badeort, den sich andere Küstenregionen zum Vorbild nahmen – so wurde beispielsweise Argentiniens erstes Seebad Mar del Plata Biarritz nachempfunden.

Neben der guten Erreichbarkeit blieb das Erfolgsrezept der Badeorte über die Jahrzehnte mehr oder weniger gleich und setzte sich zusammen aus drei wichtigen Zutaten: Gesundheitspflege (also baden, schwimmen, kuren) plus Nahrungsaufnahme (Restaurants, Imbisse, Kurküchen) plus Unterhaltung. Von Letzterer gab es von jeher (auch schon im Urbadeort Brighton) jede Menge: Tanzveranstaltungen, Theatervorführungen, Glücksspiel – und noch so einiges, was wir heute nicht mehr als typische Strandvergnügung betrachten würden.

So war es beispielsweise im 19. Jahrhundert absolut üblich, dass an den Stränden Europas tagsüber Vorführungen mit Pierrots stattfanden. Für alle, die nicht mehr wissen, was Pierrots sind: Es handelt sich um eine etwas melancholischere Variante des Clowns. Pierrots sind weiß gekleidet, tragen einen schwarzen Spitzhut und weiße Gesichtsschminke. Mitunter geht es bei ihren Darstellungen um zurückgewiesene Liebe. Teilweise sind Pierrots auch Pantomimen – was in krassem Gegensatz zu dem lauten Treiben in den ausgelassenen Strandorten gestanden haben muss.

Natürlich besitzen auch die USA alte Badeorte, der älteste heißt Revere Beach und liegt in Massachusetts nahe Boston. Der Ort wurde 1895 gegründet und gilt als erster öffentlicher Strand der USA. Er fällt konzeptionell ein wenig aus der Rolle, denn Revere Beach wurde nicht von der oberen Gesellschaftsschicht entdeckt – dieser Strand war von Anfang an ein Ziel für Arbeiter und Immigranten, die sich hier an ihrem freien Tag amüsierten. Erschlossen wurde er (natürlich) nach Ausbau der Eisenbahnstrecke beziehungsweise mit Einführung von Ausflugsschiffen, die vom nahen Boston aus pendelten. Ich muss gestehen – ich hatte bisher noch nie von Revere Beach gehört. Aber man kann ja auch nicht jeden Strand persönlich kennen. Einen anderen US-Badeort dagegen fand ich immer schon faszinierend:

Miami Beach ist ebenfalls ein Kapitel für sich, denn es ist nicht über die Jahrzehnte gewachsen, sondern wurde komplett am Reißbrett entworfen und als Tourismusort aus dem Boden gestampft. Aber das ist nicht das Spannendste an Miami. Das Spannendste ist die Kriminalität. Zumindest für mich macht das den Ort interessant, denn ich bin unter anderem Krimiautorin. Als ich etwa las, dass Al Capone in den 1930er-Jahren ein Anwesen in Miami hatte, glänzten meine Augen, und mein Puls beschleunigte sich. Der Lieblingsfilm meiner Kindheit war »Manche mögen's heiß« mit Marilyn Monroe, Tony Curtis und Jack Lemmon, wo ja auch nicht zu wenig Gangster vorkommen (wobei ich ein wenig enttäuscht bin, dass das noble Seminole Ritz Hotel in Miami, in dem der Großteil des Films spielt, in Wahrheit das Hotel del Coronado im kalifornischen San Diego war, aber gut …).

Wie alle aus der Boomer-Generation wuchs ich außerdem natürlich mit der damaligen TV-Serie »Miami Vice« auf, in der die Ermittler Crocket und Tubbs den Drogenkartellen und Gangsterbossen in feinen italienischen Sommeranzügen entgegentraten, die Ärmel salopp hochgeschoben. (Ein Herrenmodetrend, der zehn Jahre später sehr süß in der Serie »Friends« karikiert wurde, als Ross und Chandler eine Episode aus ihrer Jugend in den Achtzigern spielen und sich im Minutentakt hektisch die Anzugärmel hochschubbern.)

Der Hintergrund von »Miami Vice« war, dass in den 1970ern und 1980ern eine Menge Drogen über das nahe Südamerika nach Miami kamen – und das damit verdiente Geld durch den »Umtausch« in Wolkenkratzerhotels beziehungsweise die Restaurierung des Art-déco-Viertels gewaschen wurde, bis es quasi so weiß erschien wie der Sand von Miami Beach. Es gab also gut zu tun für Crocket und Tubbs, die Serie lief sieben Jahre lang, bis 1989.

Etwas später, 1993, keimte die Kriminalität in Miami wieder auf. Allerdings ging es dabei weniger um Drogenbosse als um kleinere, aber garstige Gangster, die ausländische Touristen in ihren Mietwagen abknallten, um an deren Besitztümer zu kommen. In Hochzeiten dieser sogenannten Drive-by-Shootings reiste dann ausgerechnet ich ins Land. Es ist aber nicht so, dass ich deswegen nach Miami fuhr, sondern trotzdem. Kriminalität finde ich nämlich nur zwischen Buchdeckeln oder in Filmen spannend.

Meine Mutter, die noch nie in den USA gewesen war, begleitete mich auf dieser Reise. Vor lauter Vorfreude nahm sie kaum wahr, dass man uns beim Verlassen des Fliegers ein Flugblatt aushändigte, mit der sehr dringenden Aufforderung, schnurstracks in unser Hotel zu fahren und die Highways auf dem Weg dorthin nicht zu verlassen. (Die meisten der Vorfälle hatte es gegeben, wenn Touristen vom Weg abgekommen waren.) Leider hatte ich, aus heute nicht mehr rekonstruierbaren Gründen, gar kein Hotel gebucht. Das wollte ich uns spontan suchen.

Und was soll ich sagen – kaum hatten wir mit dem gebuchten Wagen den Flughafen verlassen, hatte ich mich auch schon verfahren! Ich wurde also etwas nervös, aber immerhin fand ich irgendwann unversehrt zurück zur Autovermietung, besorgte mir eine Straßenkarte und ließ mir außerdem den Weg nach Key Largo noch mal gründlich erklären. Key Largo war mir nämlich empfohlen worden, und zwar bei der Passkontrolle am Airport.

Allerdings hatten die Dame von der Einreisebehörde und ich da wohl ein Missverständnis gehabt. Als ich sagte, ich suchte einen guten Ort für meine *vacation,* da meinte ich: Hotels am Strand! Sie aber meinte: Delfinshows!

Und so strandeten wir schließlich auf dem Parkplatz vor einem Delfinarium, während alle Hotels in Key Largo geschlossen waren, zerstört von dem jüngsten Hurrikan. Nun wurde ich noch nervöser. Natürlich wegen der Angst, auf dem Highway aus Versehen erneut Richtung Lebensgefahr abzubiegen. Doch mit einem Mal endete die Delfinshow, der Parkplatz füllte sich mit einem Haufen Kinder und Daddys, und einer davon war sehr hilfsbereit und fuhr mit seinem Wagen vor uns her nach Miami Beach, wo wir in ein sehr hübsches Hotel eincheckten!

Bedauerlicherweise war das nicht das Happy End, denn mittlerweile machte meine Mutter ein langes Gesicht. Sie war gebürtige Griechin und als solche aufgewachsen mit den tollsten Geschichten aus den USA, dem Auswanderungsland unzähliger Landsleute. Fast jeder, den sie kannte, hatte Verwandte in »Ameriki« und verbreitete die wunderbarsten Märchen, in denen es in verschiedenen Varianten um Geld und Luxus, Vermögen und Reichtum ging (und die wahrscheinlich wirklich nur Märchen waren). Das Miami allerdings, in dem wir gelandet waren, sah für meine Mutter gar nicht aus wie das gelobte Luxusland aus diesen Berichten (trotz des hübschen Hotels). Denn in den Läden neben dem Eingang lag Staub auf den Souvenirs, und die Straße war beherrscht von Billigboutiquen und Schuh-Outlets.

»So hab ich mir die Staaten nicht vorgestellt!«, klagte meine Mutter im Stundentakt. Selbst der berühmte Ocean Drive schien sie nicht zu beeindrucken – in echt ist ja immer alles popliger als in Film und Fernsehen. Am Strand tobte außerdem ständig ein nerviger Wind. Und so verbrachten wir die Zeit überwiegend am Pool, wo der Soundtrack des Films »Bodyguard« in Endlosschleife durch die Lautsprecher brüllte, weshalb wir beide nach einer Woche heilfroh waren, den Ort zu verlassen – besonders meine Mutter, denn sie sehnte sich nach Hause an ihr Telefon, um allen berichten zu können, dass die USA gar nicht so toll sind, wie man denkt.

Mittlerweile jedoch, das muss gesagt werden, stellt die Kriminalität in Miami kein großes Problem mehr dar, zumindest nicht für Touristen. Außerdem gibt es seit 2002 immer im Dezember eine interessante Kunstmesse (die Art Basel Miami) und tolle Musikevents und sicher vieles mehr, was wir damals in der kurzen Woche gar nicht erlebt haben. Miami ist also unbedingt zu empfehlen, und schon damals mochte ich die schönen pastellfarbenen Häuser am Ocean Drive und die vielen Palmen.

Apropos: »Wenn es darum geht, südliche Gefilde, ein bisschen Jetset oder die Idee davon zu verkaufen, ist die Palme die absolute Nummer eins«, schrieb Silke Wichert unlängst in der *Süddeutschen Zeitung*. Denn gerade ist die Palme mal wieder als Motiv groß im Trend, als Symbol von Exotik und Luxus.

Die Palmen von Miami Beach, die die Strände und Straßen säumen, wurden hier gepflanzt, die komplette Gegend entstand ja am Reißbrett. Aber immerhin kommen Palmen natürlich in Florida vor – sogar zwölf Sorten gibt es, die häufigste ist die Kohlpalme.

Grundsätzlich ist es aber so, dass das weltweite Vorkommen von Palmenboulevards nicht in Korrelation mit dem natürlichen Palmenvorkommen eines Orts steht – Palmen werden seit Jahrhunderten überall dort gesetzt, wo es chic und exotisch aussehen soll. Noch nicht mal die an den Promenaden und Plätzen Mallorcas sind heimisch, und das, obwohl die Hauptstadt bekanntermaßen Palma heißt. Zwar gibt es natürlich vorkommende Palmen auf der Insel, allerdings handelt es sich dabei lediglich um eine Zwergpalmenart, die im Hinterland wächst. Der Name »Palma« hat auch gar nichts mit den Gewächsen zu tun, sondern mit dem lateinischen Begriff für Handfläche. Das Symbol selbiger galt im alten Rom als Siegeszeichen.

Die Römer eroberten den Ort nämlich 123 vor Christus und läuteten damit das Ende der sogenannten Talayot-Epoche ein. Später prägten die Araber die Hauptstadt und ihre Insel, 1229 kamen die Franzosen, bald danach wurde Mallorca ein eigenes Königreich. Und im 20. Jahrhundert kamen dann die Deutschen und behaupteten, sie hätten das Sagen hier. Zumindest trat der Schlagersänger Jürgen Drews am Ballermann als König von Mallorca auf.

Die deutsche Eroberung der Insel trug sich zu mit Ausbruch des Tourismuszeitalters nach dem Zweiten Weltkrieg, als Millionen Menschen vom Virus Reisefieber infiziert wurden. Neben der Ferienlaune hatten die Deutschen plötzlich Zeit – zumindest verglichen mit früheren Epochen. Denn nun stand der werktätigen Bevölkerung ein Jahresurlaub von 20, manchmal sogar 28 Tagen zu, voll bezahlt.

Außerdem hatten die Deutschen nach dem Wirtschaftswunder das nötige Kleingeld für Ferienreisen, immer öfter auch per Flugzeug, und auch andere Nordeuropäer (Engländer, Niederländer) konnten sich Urlaub im Süden leisten und konkurrierten an der Adriaküste oder in Benidorm mit den Deutschen um die besten Plätze am Strand – während die Südländer noch lange finanziell schlechter gestellt blieben und sich auf die Rolle der Gastgeber zu beschränken hatten. Allerdings muss man sagen, dass auch die Nordeuropäer es in den 50er-, 60er- und 70er-Jahren im Urlaub finanziell nicht wirklich krachen ließen – damals war man froh, dass man überhaupt mal rauskam, und beschied sich mit einem Zelt am Campingplatz oder mit ganz einfachen Hotels. Die meisten Touristenhotels seinerzeit würden heute auf *booking.com* keinen einzigen Stern ergattern.

Das beliebteste aller Reiseziele der Deutschen aber wurde Mallorca, und zwar, weil Touristikunternehmen hier ein gutes Geschäft witterten und ordentlich investierten. Und die Rechnung ging auf, die Insel wurde zum Dorado deutscher Ferien- und Feierlaune. In den 70er-Jahren war der Flughafen von Palma oft die Destination, die am häufigsten von Deutschen angeflogen wurde, und manche Leute meinten bald sogar, ein Anrecht auf die Baleareninsel zu haben.

Das gipfelte schließlich darin, dass im publizistischen Sommerloch des Jahres 1993 der deutsche CSU-Politiker Dionys Jobst sogar mit der (von ihm gar nicht ernst gemeinten) Forderung Schlagzeilen machte, Mallorca als 17. Bundesland aufzunehmen. Aber da hätten die Spanier natürlich nicht mitgemacht und die Engländer ebenso wenig! Tatsächlich waren die Briten (und die Festlandspanier) viel früher als die Deutschen auf der Insel, nämlich schon ab Ende des 18. Jahrhunderts.

Eine der ersten prominenten Besucherinnen war allerdings Französin. Bereits 1838 reiste die Schriftstellerin George Sand gemeinsam mit ihren beiden Kindern und ihrem Geliebten Frédéric Chopin nach Valldemossa im Süden der Insel, um dort zu überwintern. Sie erhoffte sich, dass ihr kleiner Sohn, der kränklich war, in dem Seeklima genesen würde – und in der Tat ging es ihm hier besser. Chopin allerdings nicht. Denn weil als Reisezeit ja der Winter gewählt worden war, wo es auch auf Mallorca heftige Niederschläge gibt und die Temperaturen bis auf fünf Grad sinken, erkältete er sich ständig. Außerdem wurden die Urlauber mit den Einheimischen nicht warm – und umgekehrt, denn die Dörfler waren in ihrer Toleranz damals etwas überfordert von einem Künstlerpaar, das unverheiratet war und bei dem die Frau sich in Männersachen kleidete. Es kam also nicht die optimale Urlaubsstimmung auf. Aber immerhin mündete die Exkursion in ein Buch (»Ein Winter auf Mallorca«) mit wunderbaren Landschafts- und Naturbeschreibungen und in Kompositionen wie das Regentropfen-Prélude.

Trotz George Sand machte ich persönlich eigentlich immer einen großen Bogen um die Insel. Ich bin kein Freund von Massentourismus und glaubte den Berichten eingefleischter Mallorca-Fans von den ruhigen Buchten, die angeblich existieren würden, nie so recht – ganz einfach, weil sie von dem Gebrülle, das die Privatsender vom Ballermann in die Heimat schickten, übertönt wurden. Junggesellinnenabschiede hasse ich außerdem. Drum wollte ich nie hin.

Aus Gründen, die hier zu kompliziert zu erläutern wären, landete ich dann allerdings doch auf der Insel, und zwar ausgerechnet in El Arenal, dem Ballermann-Viertel, also mitten in der Hölle des Horrortourismus. Und wurde positiv überrascht: Es war Frühsommer und alles ziemlich entspannt. In unserem einfachen Hotel wohnten fast keine Deutschen, stattdessen spanische Kindergruppen in der Sommerfrische, betreut von freundlichen Nonnen in hellgrauer Sommertracht. In ruhigen Seitenstraßen lagen nette Tapas-Bars, im Schreibwarenladen nebenan wurde nur auf Spanisch kommuniziert, und an der Strandpromenade hält ja ohnehin der Linienbus ins schöne Palma, das unbestritten wunderbar ist. Und idyllische ruhige(re) Strände habe ich auf der Insel auch gefunden, es gibt sie also tatsächlich. Denn wie gesagt: Manche Orte sehen in echt popliger aus als im TV. Bei anderen aber ist es umgekehrt!

Eventlocation Strand – von Sport und Spaß

Von dem Strandfeeling in meiner Straße an der Isar habe ich Ihnen ja bereits berichtet, aber es gibt noch (mindestens) eine Sache, die München ganz besonders macht, und zwar die Surfer. Wahrscheinlich haben auch die meisten Nichtmünchner schon von ihnen gehört, die Eisbachsurfer gelten sogar als offizielle Sehenswürdigkeit und sind in Reiseführern genannt; der berühmteste Surfspot am Englischen Garten beim Haus der Kunst zieht an schönen Tagen massenweise Schaulustige an.

Was man als Stadtfremder aber sicherlich nicht so auf dem Schirm hat, ist, dass einem die Surfer hier als natürlicher Bestandteil des Stadtbildes im Alltag begegnen und zum Beispiel einfach so mit ihrem Brett unterm Arm auf dem Fahrrad an der Kreuzung stehen, als wäre man in Kalifornien und nicht in Oberbayern. Die Fluss-Surfbretter sind vergleichsweise kurz, aber sicher nicht ganz leicht. Manche Surfer haben Extravorrichtungen an ihren Rädern, viele aber tragen sie einfach so, das muss beim

Radeln ziemlich anstrengend sein. Aber für Surfer ist das kein Problem – die können alles.

Wenn die Ampel dann auf Grün springt und die radelnden Surfer in die Pedale treten, blicke ich sehnsuchtsvoll hinterher und frage mich, wie es eigentlich passieren konnte, dass ich selbst immer noch nicht surfen kann.

Surfen – seufz! Ich weiß nicht, ob Sie das kennen, aber ich für meinen Teil höre bei der Beschäftigung mit dem Thema auf einen Schlag in meinem inneren Ohr Musik. Und zwar *Surfin' USA* von den Beach Boys oder irgendwas Ruhiges, Entspanntes von Jack Johnson. Passiert einfach und lässt sich erst mal nicht abstellen.

Es liegt wahrscheinlich daran, dass Surfen eben nicht nur einfach ein Sport ist, sondern dass es ein Lebensgefühl transportiert, mehr als die meisten anderen Tätigkeiten, die mit Strand und Wasser zu tun haben. Surfen ist gar nicht anders denkbar als in einer Verbindung mit Musik, aber auch mit Mode, Lebensgefühl, Jugendkultur, Film, Lifestyle – dem großen Ganzen.

Kaum ein Trend oder eine Sportart (Surfen ist ja beides gleichzeitig) demonstriert die Wichtigkeit des Strandes für das Lebensgefühl so perfekt. Deshalb müssen wir uns noch mal die Zeit nehmen, (kurz) in die Vergangenheit zu blicken, um alle Zusammenhänge kennenzulernen.

Erst mal die Begriffsklärung – *surf* bezeichnet im Englischen nichts anderes als die Brandung, *to surf* ist also eine ganz naheliegende Bezeichnung für das Befahren ebendieser. Im Deutschen heißt es eigentlich wellenreiten, was am hawaiianischen Ausdruck tatsächlich näher dran ist, denn dort sagt man wellengleiten dazu – *he'e nalu*. In Polynesien und auf Hawaii wurde das Ganze quasi erfunden, allerdings galt es weniger als Freizeitvergnügen denn als Ritual – Surfen war eine Religion, die besten Surfspots waren den Königen vorbehalten. Durch die Missionierung war es dann mit den alten Gebräuchen und Regeln zwar vorbei, aber das Surfen selbst geriet nie ganz in Vergessenheit und wurde weiter betrieben.

Von Hawaii aus begann das Surfen schließlich, die Welt zu erobern, wofür hauptsächlich ein einzelner Mann als verantwortlich zu nennen wäre: Duke Kahanamoku, The Big Kahuna. Das war sein Beiname, er bedeutet so viel wie »der große Magier«. Der Begriff klingt vielleicht auch all jenen vertraut, die kein Hawaiianisch sprechen und von Duke Kahanamoku heute das erste Mal hören, denn Quentin Tarantino nannte das Diner, das in »Pulp Fiction« vorkommt, The Big Kahuna Burger – und eine Hommage von Tarantino zeigt schon die Relevanz.

Eigentlich war Duke Kahanamoku, geboren 1890, Schwimmer. Er war Weltrekordler von 1912 und mehrfacher Olympiasieger. 1924 bei den Olympischen Spielen in Paris war er Zweiter hinter Johnny Weissmüller (das war der Schwimmstar, den Hollywood später als Tarzan zum Leinwandhelden machte). Auch Duke war seinerzeit weltberühmt, weil er seine Reisen als Schwimmer auch dazu nutzte, um den Surfsport bekannt zu machen, und zwar mit großem Erfolg: Bis zu den 50er-Jahren hatte Surfen sich in den USA zur beliebtesten Wassersportart gemausert.

Die Szene war aber nicht (nur) bekannt für ehrgeizige Athleten, sondern auch für Spaß. Zum Beispiel ist die Surferkultur eng verwoben mit Beachpartys – Surfer gelten gar als die Erfinder des Brauches, am Strand zu feiern. Man braucht nicht viel für die Surfer-Beachparty, einfach nur ein Lagerfeuer, ein paar Bier. Die Stimmung wird vom Ambiente mitgeliefert – Meeresrauschen, von der Sonne aufgewärmter Sand und später, wenn die Party lange genug geht, sogar noch ein Sonnenaufgang … Was will man mehr?!

So unaufgeregt wie die Feste ist auch die Mode, die die Surferszene eher unabsichtlich kreierte, als einen besonders lässigen Beachstyle, den in der Folge alle Welt nachmachte: bunte Shirts, abgeschnittene Jeans, Hawaiimuster (z. B. Hibiskusblütendrucke) und von der Sonne gebleichte Haare, die bei jungen Männern schon in den frühen 60er-Jahren eine gewisse hippiemäßige Länge hatten (wahrscheinlich, weil man, wenn einem das Wellenreiten wichtig ist, wirklich keine Zeit hat, ständig zum Friseur zu rennen). Typisches Szeneaccessoire war außerdem der VW Bulli. Darin konnte man einen Haufen Bretter transportieren und praktischerweise auch gleich darin kampieren, während man auf die Brandung wartete und dabei Surfmusik hörte. Zum Beispiel eben die Beach Boys. (Von denen in Wahrheit allerdings keiner außer dem Schlagzeuger wirklich surfen konnte.)

Das Cover der Beach-Boys-Platte *Surfin' USA* aus dem Jahr 1963, auf dem (logisch) ein Surfer abgebildet war, beeindruckte im von Kalifornien wirklich sehr weit entfernten oberbayerischen Trostberg einen jungen Mann seinerzeit derartig, dass er sofort versuchte, mit einem umgedrehten Campingtisch die Alz runterzusurfen (und damit – man kann es nicht anders sagen – ziemlich baden ging). 1971 hatte er dann mit einem Brett, das er sich eigens hatte anfertigen lassen, mehr Erfolg. Mittlerweile wohnte Arthur Pauli in München, wo er mit dem Brett und einem fest vertäuten Seil das erste Mal im Fluss surfte, und zwar an der Floßlände (im Isarkanal). Im Jahr drauf schaffte er es bereits ohne Seil, und der Rest ist Legende. Derzeit gibt es 2000 Flusssurfer in München und sogar einen eigenen Film zum Thema. Er heißt »Keep Surfing«, stammt aus dem Jahr 2009 und ist längst echter Kult.

Apropos Kult: Heute ist der alte VW Bulli, an den am Strand bunte Boards gelehnt werden, derart übertrieben gehypt, dass er schon ins Klischeehafte abrutscht und in viel zu vielen Werbespots und Prospekten als Hintergrund für aktuelle T-Shirt-Kollektionen und Bademoden herhalten muss.

Es ist allerdings nicht so, dass das Surfer-Strandfeeling erst in jüngerer Zeit kommerziell ausgebeutet wird – das ging schon ganz früh los, eigentlich von Anfang an. Die erste (wirklich alberne und sehr kommerzielle) Teenie-Filmkomödie beispielsweise, die in dem Umfeld spielt, »Gidget«, stammt aus dem Jahr 1958. Ab Mitte der 60er-Jahre entstand aus der Geschichte sogar eine ganze Serie (sie handelte von einem jungen Mädchen, dem Surfen und von Jungs und hieß auf Deutsch bescheuerterweise »April entdeckt die Männer«).

Auch in Europa breitete sich das Surfen (wie alle US-Trends seinerzeit) schnell aus, importiert wurde es durch einen US-Amerikaner namens Peter Viertel, einen Drehbuchautor, der mit Hollywoodstar Deborah Kerr verheiratet war. Er kam 1955 für Dreharbeiten nach Biarritz, wo ihm auffiel, dass die Wellen sich hier perfekt zum Wellenreiten eigneten, ließ sich sein kalifornisches Board schicken, testete die Örtlichkeit – und fand bald viele Nachahmer: Biarritz wurde in der Folge zum ersten europäischen Surfspot. Das löste in der Stadt, die bis dato als nobler Badeort bekannt gewesen war, einen echten

Zeitenwandel aus. Bis heute ist Biarritz fest in der Hand der Surferszene.

In Deutschland starteten abenteuerlustige Rettungsschwimmer auf Sylt Mitte der 50er-Jahre ebenfalls erste Surfversuche, schließlich gibt es ja auch bei uns Sand, Wellen und Bootsbauer, die Boards herstellen können. Was es anfangs hier nicht gab, war Surfwachs. Die frühen deutschen Wellenreiter hatten (so heißt es zumindest) gar nicht mitbekommen, dass solches Wachs überhaupt existierte und dass man es verwendete, um auf dem Brett besser zum Stehen zu kommen. Und so rutschten sie wohl in den ersten Jahren ziemlich auf den glitschigen Brettern herum ...

Surfwachs spielt auch eine besondere Rolle in einem Thriller, der im Surfermilieu spielt und zu den coolsten (Surf-)Filmen überhaupt gezählt werden muss: »Gefährliche Brandung« von 1991. Darin spielen Keanu Reeves und Patrick Swayze, und Kathryn Bigelow führte Regie, und mehr ist nicht hinzuzufügen.

Ungefähr zur selben Zeit, als junge Münchner anfingen, auf dem Eisbach und an der Floßlände in die aufgestaute Flusswelle zu springen, etablierte sich eine weitere Surfart, das Windsurfen. Manche finden, es sei nicht gleichzustellen mit »richtigem« Surfen, doch zu gewissen Zeiten transportierte es ebenfalls eine gewisse Coolness.

Im süddeutschen Raum zog es alle, die diesbezüglich was auf sich hielten, an den Gardasee, genauer: in die Schweinebucht. Die ist eigentlich gar keine richtige Bucht, sondern ein längerer Strandabschnitt mit vielen kleinen Buchten. Hier wurde das Windsurfen als Lebensphilosophie zelebriert: Überall standen und lagen Boards herum beziehungsweise hingen zum Teil sogar in den Bäumen.

Die Surfer selbst schliefen in Zelten oder einfach unter dem Sternenhimmel, sie grillten, machten Musik und hatten ebenfalls von Wasser und Sonne ausgeblichene Haarspitzen wie die Wellenreiter in Kalifornien. Und sie waren besessen vom (Wind-)Surfen. Wer in der Schweinebucht rumhing, hatte schon recht viel Zeit dafür aufgebracht und gehörte zu den Pros (oder zumindest fast), denn das Areal eignet sich nicht für Anfänger. Manche Surfer, so hieß es, verbrachten hier den ganzen Sommer, vielleicht sogar die ganze Jugend.

Für Nichtsurfer war es hingegen nicht besonders spannend. Ich besuchte mal einen windsurfenden Freund in der Schweinebucht und langweilte mich extrem, weil beim Surfsport oft stundenlang nichts passiert. Anderswo am Meer warten sie auf die Welle, am Gardasee warten sie auf den Wind, genauer den Vento (morgens) und die Ora (nachmittags). Manchmal bleibt es aber auch ruhig, und kein Lüftchen kräuselt den See.

In der Zeit spielten die Surfer Schafkopf. Manche kifften, manche strickten. Was man außerdem machte, war Müll. Deswegen ahndeten die italienischen Behörden das wilde Campen der Windsurfer hier irgendwann besonders streng, und mittlerweile sind die Regeln so rigide, dass die Boards in der Bucht nicht mal mehr kostenfrei aus dem Wagen abgeladen werden dürfen. Surfen aber darf man hier nach wie vor (wenn man beim Surf Hotel Pier in Limone startet). Im Wasser herrscht Freiheit – und das heißt ja auch was!

Natürlich gibt es auch heute nach wie vor normale Windsurfer, spektakulärer ist allerdings das Kitesurfen, das sich daraus entwickelt hat. Doch Kiten ist eher Extremsport als Kult, und Extremsportarten haben ja immer ihr

eigenes Lebensgefühl, nur hat das keine solche Breiten-
wirksamkeit. Es gibt auch keine spezielle Kiter-Mode,
sondern höchstens Sportswear (also: Neopren), und ich
kann mir nicht vorstellen, dass man am Abend kiffend auf
Kiter-Partys rumhängt und spezielle Kiter-Musik hört
(weil es die meines Wissens gar nicht gibt). Außerdem
braucht man höchste Konzentration am nächsten Tag beim
Kiten, sonst wird's lebensgefährlich (was natürlich nicht
bedeutet, dass zugedröhntes Surfen und Windsurfen nicht
ebenfalls riskant wären).

Die zwölffache Deutsche Meisterin, Sabrina Lutz, hat
zwar mal gesagt, Kitesurfen sei nicht gefährlicher als Fahr-
radfahren, dabei hat sie aber wahrscheinlich nicht die Art
Radfahren gemeint, wie ich sie mit meinem alten Hol-
landrad betreibe, nämlich mit acht Stundenkilometern
Richtung Biergarten.

Die Unfallgefahr beim Kiten ist also hoch, wobei laut
Statistik weniger die Neulinge gefährdet sind als die Könner, die sich zu viel zutrauen, und zwar insbesondere die,
die schon ein kleines bisschen älter sind (Durchschnitt 39).
Von daher: lieber (nur) jung kiten und länger leben.

Wer um die 39 keinem lebensgefährlichen Jugendlich-
keitswahn frönt, ist beim Strandurlaub ohnehin meist damit beschäftigt, mit dem Nachwuchs (dem eigenen oder
dem von Freunden oder Verwandten) bei brüllendem
Lärm Bananaboat zu fahren. Oder sich mit den Kids in
einem aufgeblasenen Schwimmring von einem Motorboot in Höchstgeschwindigkeit bei ebenso brüllendem
Lärm ziehen zu lassen. Oder gemeinsam mit den Kindern
auf einer Riesenschwimminsel rumzuklettern. Oder sich
im Wasserpark atemberaubende Rutschen herunterzustür-
zen, was beides auch nicht gerade leise abgeht. (Wobei bei

letzteren Betätigungsarten der Krach wenigstens nicht von Motoren stammt, sondern aus Kinderkehlen. Damit handelt es sich um natürlichen Krach, ohne Schadstoffausstoß.)

Selbst das neumodische Stand-up-Paddling macht Krach – nicht das ruhige Rudern auf dem Wasser, sondern das zischende Luftablassen beim Zusammenpacken, bevor man die Gerätschaften wieder im Kofferraum verstaut. Laut einer Sendung, die ich unlängst morgens im Autoradio hörte, sei das das nervigste Geräusch am Wochenende an bayerischen Badeseen, weil der Lärm sich potenziert, da es immer mehr SUP-Bretter gibt. Am Strand wird's also laut – die meisten Events weisen eine extrem hohe Dezibelzahl auf.

Bis auf eine Sache: das Sandburgenbauen. Das hat geradezu meditative Wirkung und kommt ganz ohne Krach aus. Allerdings interessiert sich quasi kaum ein Mensch mehr dafür. Weil immer wieder mal Bilder von Sandburg-Wettbewerben durch die Gazetten gehen, auf denen aus Sand nachgebaute weltberühmte Sehenswürdigkeiten zu bewundern sind, bin ich immer davon ausgegangen, dass es sich nach wie vor um ein beliebtes Hobby handelt. Das Gegenteil ist jedoch der Fall, gebuddelt und gebaut wird am Strand kaum noch – wenn nicht gerade ein Wettbewerb stattfindet.

Mancherorts ist das Sandburgenbauen sogar verboten, beispielsweise auf Sylt. Nachvollziehbare Begründung, warum es hier auf dem Index steht: Der Sand, der auf Sylt an sich recht fest ist und den Wellen einigermaßen widersteht, wird unnötig gelockert und somit von Wasser und Wind leichter abtransportiert – und das muss unbedingt vermieden werden. Sand ist heute ein schützenswertes

Gut, und mit Kostbarkeiten spielt man nicht. Kleine Kinder dürfen allerdings nach wie vor mit ihren Schippen und Förmchen am Strand rumtun, das ist nicht verboten.

Wer nun aber dem Sandburgenbauen nachtrauert, sollte wissen, dass es nie nur einfach ein nettes Vergnügen war, sondern dass es dabei immer in allererster Linie um Abgrenzung ging. Nach dem Motto »My home is my (sand-) castle« dienten die Wälle und Gräben, die im beginnenden Tourismuszeitalter von den frühen Strandurlaubern noch sehr eifrig rund um ihren Strandkorb errichtet wurden, dem Sichtschutz sowie der Grenzsetzung – vor Blicken, Gesprächen, Kontakt. Muscheln und Steinchen, die zur Verzierung angebracht wurden, kaschierten dieses Ansinnen durch konsequente Verharmlosung, trotzdem ging es hier in erster Linie um Mauern, wenn auch brüchige. Dabei sollte man auf Reisen doch Land und Leute kennenlernen ...

Die Sandburgenbauerei hatte aber noch einen Hintergrund: Beschäftigungsdrang. Manche Menschen können einfach nicht ruhig sitzen, und in früheren Zeiten schien dies ausgeprägter zu sein als heute, Müßiggang galt früher ja als verdächtig. Wer aber eine stattliche Burg errichtete, hatte sichtbar was geleistet!

Mittlerweile hat das Nichtstun ein besseres Image und gilt als Luxus, den man sich erst mal leisten können – und mental hinkriegen – muss. Entspanntheit und Lockerheit sind Kriterien, die regelrechte Statussymbole sind, erreichbar durch teure Yogastunden oder noch teurere Therapiesitzungen.

Noch eine Strandbeschäftigung, die entspannt und keinen Lärm verursacht: Schnorcheln! Eine der beliebtesten Wassersportarten überhaupt! Wer das Schnorcheln erfunden hat, ist nicht ganz klar, überliefert ist aber, dass schon Aristoteles sich mal zum Thema geäußert hatte: Er beobachtete einen Elefanten, der im Wasser untertauchte und seinen Rüssel als Schnorchel benutzte, und beschrieb außerdem (an anderer Stelle), wie seine Zeitgenossen mit Schläuchen tauchten. Auch Leonardo da Vinci beschäftigte sich mit dem Thema und erfand sogar Tauchausrüstungen (unter anderem aus Leder).

»Richtiges« Tauchen, wie es zum Beispiel beim Schwammtauchen oder in der heutigen Zeit unter anderem beim Sporttauchen betrieben wird, ist aber noch mal etwas ganz anderes als Schnorcheln. Das muss man lernen und richtig beherrschen. Schnorcheln dagegen wurde im Tourismuszeitalter für ganz normale Menschen erfunden, im Prinzip kann jeder Schwimmer es ausüben. Man braucht dazu nur einfache Gerätschaften, muss keine kostenaufwendigen Kurse belegen, braucht nicht einmal ein Boot, sondern nur einen Strand – und kann dennoch die wunderbare Unterwasserwelt erkunden. Was für ein Luxus!

Ich selbst habe immer und auf jeder Urlaubsreise eine Taucherbrille mit Schnorchel dabei. Immer! Dummerweise nutze ich sie aber nur selten und schleppe den Kram umsonst herum, und das, obwohl ich Schnorcheln liebe. Warum das so ist, kann ich selbst nicht ganz verstehen, aber offenbar ist diese Angewohnheit weitverbreitet: Vielleicht ist man in den Ferien oft einfach so urlaubsreif, dass man selbst für Freizeitbeschäftigungen zu schlapp ist.

Ähnlich verhält es sich mit Beachball. Ich nehme fast in jeden Urlaub die Holzschläger und den Ball mit, früher war ich sogar mal eine passable Spielerin. Das war allerdings in der Jugend, schon eine Weile her. Mittlerweile bleiben die Schläger an neun von zehn Urlaubstagen in der Tasche, das merkt man mir auch an. Andererseits: Wer so schlecht spielt wie ich, bewegt sich viel mehr als die Könner, die fast reglos im Sand stehen und den Ball so relaxed hin- und herschlagen.

Apropos relaxed: Entspannen ist oft gar nicht so leicht, nicht einmal am Strand: Laut einer Studie der Deutschen Gesetzlichen Unfallversicherung stehen 37 Prozent auch im Urlaub total unter Strom und finden keine Ruhe. Ein Fünftel trifft das so schwer, dass gar kein Ferienspaß aufkommt.

Ein Klassiker in diesem Kontext ist auch das Phänomen, dass viele ausgerechnet im oder kurz vor dem Urlaub krank werden, Fachbezeichnung: Post-Stress-Syndrom. Schuld ist der Noradrenalinspiegel, der in Stresszeiten ansteigt (und dann abfällt), was in der Folge Abgeschlagenheit und Anfälligkeit für Krankheiten bewirkt.

Die meisten Urlauber kommen allerdings nach drei, vier Tagen endlich runter. Wenn man sie lässt: Viele müssen ständig erreichbar sein, das stört die Erholung natürlich maximal. Und vielleicht liegt es auch am Bananaboat-Hüpfburg-SUP-Luftablass-Sound, wenn die gewünschte Entspannung nicht eintritt.

Allerdings, für alle Kulturpessimisten zur Erinnerung: Früher ging es ebenfalls laut her am Strand. Wie im vergangenen Kapitel beschrieben, war hier schon im 19. Jahrhundert die Hölle los (Tanzveranstaltungen, Spielhallen), und so ist es bis heute. Die Älteren unter Ihnen erinnern sich zum Beispiel sicher auch an die Jetskifahrer, die in den Achtzigern und Neunzigern mit jaulenden Motoren durchs Wasser rasten und eigentlich jeden nervten (zum Glück sind sie seltener geworden). Oder an die Wasserskifahrer, deren Boote auch nicht lautlos unterwegs waren.

Wasserskifahren – das echte und nicht das neumodische Wakeboardfahren – wirkt mittlerweile etwas omamäßig. Ist es auch, denn diejenigen, die es früher betrieben, sind mittlerweile im Großelternalter. Früher aber war Wasserskifahren in etwa so cool wie Surfen. Es handelte sich um eine Sportart, die in James-Bond-Filmen ausgeübt wurde – in den Jahren, als Bond noch von Sean Connery verkörpert wurde. Wasserskifahren war mondän und elegant, die lässigste Betätigung an Stränden, an denen es keine nennenswerte Brandung gab.

Die fehlende Brandung war wohl mit einer der Gründe, warum ich selbst nie surfen lernte. In meiner Jugend hing ich einfach zu viel am falschen Ufer rum (in Bezug auf die Wellen): an der Côte d'Azur und nicht an der baskischen Küste, also nicht in Biarritz, sondern in Saint-Tropez, dort wurde Wasserski gefahren.

Das war eigentlich kein besonders teures Hobby (es sei denn, man wollte mit eigenem Boot starten). Für mich und meine beiden Freundinnen war es mit zwanzig trotzdem zu kostspielig, denn wir hatten kaum Geld und wollten zudem mit dem knappen Budget möglichst lange bleiben. Wir hausten also im Nobelbadeort auf dem Billigcampingplatz und leisteten uns nur alle drei bis vier Tage einen Restaurantbesuch. Die restliche Zeit wärmten wir Büchsen auf und saßen in den Cafés stundenlang vor einem Sirop de Menthe. Tagsüber lagen wir natürlich am Strand, das war umsonst (meistens waren wir nämlich nicht an der Plage de Pampelonne mit den edlen Clubs, sondern am öffentlichen Strand). Dort linsten wir zu den Jungs, die einen Wassersportstand betrieben, aber nicht wegen der Jungs selbst (die waren uns zu alt, schon um die 25), sondern wegen des Wasserskis. Wir waren wild auf Wasserski, trotz aller Risiken.

Wobei wir auf echte Gefahren, wie Ertrinken, keinen Gedanken verschwendeten. Wir hatten mehr Angst, uns zu blamieren, denn wer beim Wasserskifahren nicht auf die Beine kam, pflügte in uneleganter Hocke durchs Wasser und riskierte zudem einen Meerwassereinlauf. Der konnte einen tagelang ans Campingklo fesseln, das wollte wirklich keiner.

Eines Tages wurde das Bitten in unseren sehnsuchtsvollen Blicken dann allen Ernstes erhört, und die Betreiber der Wassersportschule boten uns eine Gratisfahrt an. Die Sache war allerdings geknüpft an eine Bedingung: Vorher mussten wir Parasailing ausprobieren.

Parasailing ist verwandt mit dem Paragliding, beides war damals neu. Der Unterschied ist, dass man sich beim Parasailing nicht einen Berg hinunterstürzt, sondern am Seil von einem Motorboot hochgezogen wird. Sehr hoch. In Saint-Tropez gab es eine kleine Plattform, die mit dem Strand verbunden war, da musste man entlanglaufen, und dann gab das Motorboot, mit dem man über ein Seil vertäut wurde, Gas und zog den Schirm mit dem mutigen Flieger hoch. Leider traute sich das kaum einer am Strand. Wenn aber Kinder oder eben junge Mädchen morgens den Anfang machten, fassten auch andere Urlauber Vertrauen zu der Sache, und dann lief das Geschäft den ganzen Tag.

Wir stimmten zu, sogar ich, die ich in solchen Dingen nicht so tollkühn wie meine Freundinnen war, und dann kauerte ich vor der Plattform und zitterte vor Angst. Aber schließlich, um nicht als Feigling dazustehen, ließ ich mir den Gurt anlegen und rannte mit weichen Knien los, und schwupps, war ich oben in der Luft, wo es unfassbar ruhig und friedlich war. Das Boot zog mich durch die ganze Bucht, und ich blickte bis zu den Hügeln mit den teuren südfranzösischen Villen, und am Schluss, zurück am Start, stoppte es, und ich sank ganz langsam und tunkte sanft ein ins warme Meer.

Später, im rosafarbenen Abendlicht, als das Wasser still dalag, hielten die Leute vom Sportstand ihr Wort und fuhren mit uns zum Wasserskifahren raus. Alle drei schafften wir es rechtzeitig mit dem Po aus dem Wasser, niemand bekam einen Meerwassereinlauf, weshalb wir im Anschluss auf dieses große Abenteuer anstoßen mussten.

Anstoßen und Strand – das gehört natürlich spätestens seit der schon erwähnten offiziellen Erfindung der Surfer-Strandpartys in den 60er-Jahren zwingend zusammen. Wobei ich sicher bin, dass schon im ersten Seebad in Brighton am Strand angestoßen wurde – sonst müsste ich mich schon sehr in den Briten täuschen!

Die erste Strandbar allerdings haben weder die Engländer damals in Brighton noch die späteren Surfer in den USA erfunden, sondern die Australier. Es handelt sich um das 1885 eröffnete Doyles on the Beach in der Watsons Bay. Allerdings gibt es hier nicht nur Cocktails, sondern auch Seafood – und zwar zu stattlichen Preisen, das Doyles gilt als eines der teuersten Fischlokale überhaupt, selbst einfache Fish and Chips kosten hier üppige vierzig Australische Dollar (ca. 26 Euro). Dafür ist der abendliche Blick auf die Skyline des quasi gegenüberliegenden Sydney hübsch.

So viel zur ältesten Strandbar, nun kommt die schönste: die Whale Bar St. Regis auf den Malediven, in der man sitzt, als würde man sich im Inneren eines Wales befinden – architektonisch extrem spannend und mit Wahnsinnsblick auf den Sonnenuntergang im Meer (den man aus dem stilisierten aufgerissenen Walmaul bewundern kann).

Doch welche ist die beste Bar? »Beste« beinhaltet ja sowohl Getränkequalität als auch Stimmung, Blick, Ambiente und Gäste. Nicht mal im Internet lässt sich ein klarer Favorit erkennen – wobei viele Stimmen meinen, die karibischen Bars seien grundsätzlich die besten Bars der Welt. Und die asiatischen …

Mit Letzteren habe ich mehr Erfahrung als mit den karibischen, genauer gesagt mit denen in Thailand. Am liebsten sind mir solche an ruhigen, verträumten Stränden (etwa im Süden des Landes). Denn da herrscht die netteste Atmosphäre, die durch die bunte Mischung an Gästen entsteht: junge Backpacker auf Weltreise, Ex-NGO-Angestellte, die sich vor dem Heimflug erholen, junge Israelis nach der Wehrpflicht, ebenfalls auf Erholungsreise; außerdem skandinavische und deutsche Eltern (Erziehungsurlaub), die ihre Kleinkinder neben sich auf Thaikissen schlafen lassen; dazu Frischgeschiedene mittleren Alters (männlich wie weiblich) auf Selbstfindungstrip und jung gebliebene Rentner, die endlich mal die Welt entdecken wollen. Gemeinsam steht man unter einem Dach aus Palmenstroh an der Bar oder relaxt in Sonnenstühlen und nippt an Cocktails und an Singha-Bier, dessen Flaschen wegen der Hitze in Styrofoam-Bechern stecken (was aber nicht lange kühlt, weshalb in den Tropen grundsätzlich schnell getrunken werden muss!).

Im Süden Thailands, wo muslimischer Glaube vorherrscht, darf übrigens trotzdem Alkohol an Touristen ausgeschenkt werden – die Bars werden praktischerweise einfach von extra engagierten Buddhisten betrieben. Manko der Thai-Bars: Die Qualität der Cocktails verschlechtert sich mit der Entlegenheit der Locations (das ist allerdings überall so), und das Singha-Bier ist sowieso nur wegen des schönen Ambientes genießbar. Zweites Manko: die Musik. Gespielt werden mancherorts fast nur Bob Marley und die Doors, und das wohl schon seit etwa vierzig Jahren. Zwei Tage lang findet man das lustig, ab dem dritten hält man es nur noch schwer aus.

Strandbars sind schön und gut, aber es geht noch größer. Als Nächstes kommen die Strandclubs. Wobei die Übergänge fließend sind – oft weiß man nicht, wo die Strandbar aufhört und wo der Strandclub anfängt.

Ein Unterscheidungsmerkmal: Eine Strandbar kann einfach und schlicht sein, ein Strandclub ist es eigentlich fast nie, sondern luxuriös und teuer. Der Eintrittspreis beinhaltet meist auch den Liegestuhl (oder eins dieser neumodischen Sonnenliegekissen oder gar eine Liegecouch, die mir persönlich immer etwas verdächtig ist, weil vom Vornutzer meist schon ordentlich eingeschweißelt oder zumindest so aussehend; da ist mir eine einfache Liege mit luftlöchriger Auflage wie im stinknormalen Liegestuhlverleih lieber). Oft sind Getränke und Obst inklusive, und zu einigen Clubs gehören außerdem ein oder mehrere Restaurants. In wirklich noblen Etablissements gibt es darüber hinaus regelrechte Luxusboutiquen mit Waren von Prada, Hermès und Co. In jedem Fall spielen (zum Teil berühmte) DJs, das ist ebenfalls im Preis inbegriffen.

Ich selbst bin zwar eher der Typ Strandgänger, der gern dafür bezahlen würde, wenn es ausnahmsweise mal keine Musik gäbe. Ich hasse Dauerberieselung und bin eher Fan von frei gewähltem Musikhören (und – falls jemand fragt –

das war auch schon so, als ich noch jünger war). Aber die Geschmäcker sind nun mal verschieden. Jedenfalls wird der Sound spätestens zum Sundowner noch lauter gedreht, aus dem Strandclub wird dann tatsächlich eine Stranddisco, und abends macht laute Musik natürlich Sinn, das gebe ich zu.

Berühmte Strandclubs sind der traumhaft hübsche Nikki Beach in Miami oder das Hula-Hula auf der kroatischen Insel Hvar, wo partymäßig total die Post abgeht. Die größten Experten in puncto Strandparty sind allerdings die Griechen auf der Insel Mykonos, wo man die Beachclubs kaum noch zählen kann. Und überall ist alles so wunderschön eingerichtet und dekoriert, als würde man mitten in einem Interieur-Magazin urlauben. Die Eintrittspreise sind allerdings exorbitant und liegen beispielsweise im Nammos bei rund achtzig Euro für zwei Liegen mit Schirm. Erstaunlich finde ich dabei, wie viele Menschen bereit sind, hier tatsächlich einzuchecken und nicht nur als Zaungast von außen reinzugucken – die Strandclubs der Insel sind in der Saison vollgepackt bis zum Äußersten.

Aber es geht noch voller, und nun geht's zurück nach Thailand. Dort bringt uns unsere Reise an den Strand von Koh Phangan, zur berühmten Full Moon Party. Bis zu 30 000 Menschen tummeln sich in Vollmondnächten dort am Haad-Rin-Strand und tanzen die ganze Nacht. 30 000 sind in diesem Fall wirklich eine Menge, denn der Haad Rin ist kein sehr großer Strand, eher eine mittelgroße Bucht.

Natürlich sind 30 000 Menschen auf engem Raum ein echter Superspreading-Event (wobei längst wieder auf Koh Phangan getanzt wird), und natürlich waren solche Massen immer schon ein Fest für Krankheitserreger, bereits in Vor-Corona-Zeiten. Ich wette jedenfalls, dass sich in den Tagen nach Vollmond regelmäßig halb Koh Phangan Magendarm oder einen Halsinfekt eingefangen hatte, so wie in München alle in der Woche nach dem Oktoberfest, wobei es ungerechterweise auch immer all jene trifft, die gar nicht mitgefeiert haben.

Jedenfalls wurde die Full Moon Party, bei der in den ersten Jahren ausschließlich Techno lief (mittlerweile ist diese Regel aufgeweicht und das Repertoire breiter), im Jahr 1989 als ganz banale Geburtstagsfeier von ein paar Rucksacktouristen »erfunden« – so heißt es jedenfalls. Eventuell war es auch einfach eine gute Marketingidee, um ein bisschen Leben an den seinerzeit nicht leicht erreichbaren Strand zu bringen.

Diese Aufgabe wurde mittlerweile ziemlich übererfüllt – heutzutage feiert man auch schon einige Tage vor oder nach dem Vollmondereignis. Immerhin gibt es für all jene, die keine Lust haben, Haut an Haut mit Fremden zu tanzen, inzwischen ganz gute Möglichkeiten, als Zaungast in einer der vielen strandnahen Bars mit gutem Sicherheitsabstand dabei zu sein.

Habe ich zumindest gelesen, denn ich muss gestehen: Ich war noch nie auf einer Vollmondparty auf Koh Phangan. Ich kenne aber die Vollmondnächte der Nachbarinseln und kann bestätigen: Der Mond, wie er hier scheint, ist nicht zu vergleichen mit dem bei uns zu Hause. Er verwandelt die Inseln in eine tropische Silberlandschaft, in der man sich staunend bewegt wie ein verzaubertes Kind. Zelebrieren kann man das auch ohne die 30 000 am Haad Rin, zum Beispiel auf kleinen, privaten Strandfeiern überall, wo die Leute Feuerlampions in den hellen Nachthimmel entlassen – unvergesslich schön!

Nächster Kandidat im Rennen um das größte Strand-Event: Spring Break! Für alle, die nicht wissen, was das ist: Es handelt sich dabei um die US-Version der Abifahrt – nur dass sie nicht nur nach dem Abschluss, sondern grundsätzlich in den Frühjahrsferien zelebriert wird. Und wie! Spring Break ist ein Fest der Extreme. Es wird getrunken, geknutscht, getanzt, gekreischt, natürlich alles in knapper Badebekleidung. Der Strand ist dabei Partymeile wie Erholungsraum (für den Katerschlummer, bevor abends weitergefeiert wird), aber auch Austragungsort von Konzerten, Spielen, Trink- und Schönheitswettbewerben. Alles schrecklich toll – für die jungen Leute. Für alle anderen lediglich schrecklich.

Die erste Spring-Break-Location war Fort Lauderdale, das Venedig Floridas (denn hier gibt es ein paar hübsche Wasserwege), ein eher kleines und seinerzeit ruhiges Städtchen. Doch ab Ende der 1930er-Jahre ging es hier gleich zur Sache mit Biertrinkwettbewerben und allen unappetitlichen Folgen, die sich einstellen, wenn zu junge Menschen (damals hauptsächlich zu junge Männer) zu schnell zu viel trinken (»feuchtfröhlich« beschreibt die Sache am besten …). Jahr für Jahr ergossen sich dann größere Mengen von trinkwütigen Studenten über die Stadt – und hinterließen jedes Mal, nun ja, eine Welle der Verwüstung.

Als 1985 schließlich 350 000 feierwütige Youngsters anreisten, reichte es den Stadtvorderen, und sie rüsteten sich mit einem Haufen Regeln, Verboten und Strandsperrungen gegen das wilde Treiben – worauf die Kids größtenteils weiterzogen, nach Daytona Beach.

Das Alkoholverbot für unter 21-Jährige ab dem Jahr 1984 in den USA sorgte außerdem dafür, dass sich ein Teil der Szene seither im weniger strengen Mexiko oder auf Jamaika trifft. Doch auch Floridas Strände sind nach wie vor beliebt, neben Daytona Miami und Orlando, welches leider zu Spring-Break-Zeiten statistisch auch die höchste Kriminalität aufweist: Es wird geraubt und gestohlen, es gibt Drogen, Vergewaltigungen, manchmal Schießereien. In Wahrheit also alles gar kein Spaß!

Ganz so schlimm geht es bei den europäischen Partys und Abifahrten, die unter anderem nach Lloret de Mar an der Costa Brava, Magaluf auf Malle, nach Korfu und in manche Strandorte in Kroatien führen, nicht zu – aber annähernd. Allein schon die Verordnung der Stadtverwaltung von Lloret, die das Tragen von Strandbekleidung mitten im Stadtgebiet reglementiert, spricht Bände – offenbar hatten die Bewohner keine Lust mehr, allerorten mit halb nackten Jugendlichen konfrontiert zu sein.

Hat man die Abi- und Studienzeit hinter sich, gibt es zum Glück schönere Events am Strand, als zu trinken, bis der Arzt kommt. Zum Beispiel Strandhochzeiten, ein echter Mythos und immer wieder Stoff für romantische Hollywoodfilme.

Weil Reisen während der Coronakrise naturgemäß erschwert waren, dürfte die Traumhochzeit barfuß im Sand seltener zelebriert worden sein (sofern sie nicht in Deutschland selbst stattfand, wo man, weil an der frischen Luft, immerhin kaum Angst vor Aerosolen haben musste). Krisen wirkten sich allerdings auch vor der Pandemie aufs Hochzeitsverhalten aus.

Während der Wirtschaftskrise in Griechenland erlebte ich mal auf der sehr kleinen Kykladeninsel Iraklia als Zaungast eine griechische Krisenhochzeit, und die gefiel mir besser als die üblichen Veranstaltungen. Normalerweise ist es in Griechenland üblich, richtig groß zu heiraten, sehr, sehr viele Leute dazu einzuladen und viel Geld auszugeben. Austragungsort der Feierlichkeiten nach der Kirche sind in der Regel teure Hotels mit ihren (für meinen Geschmack) recht unpersönlichen Räumlichkeiten. In der Krise mussten sich die Leute allerdings was anderes einfallen lassen.

Die angesprochene Trauung auf Iraklia fand also direkt am Strand statt. Danach wurde die Braut, die ein einfaches, aber hübsches weißes Kleid und einen Blumenkranz im Haar trug, nicht etwa mit einer Kutsche oder einer Limo, sondern mit einer himmelblauen Vespa zu einem anderen der kleinen Inselstrände in ein Beachlokal gefahren, das für den Abend komplett für die Hochzeitsfeier gemietet war – mit etwa zwölf hübsch eingedeckten Tischen. Sehr romantisch!

Manche Leute glauben übrigens, dass es Glück bringt, eine Braut zu sehen. Wer richtig viel Glück braucht, sollte deswegen unbedingt mal nach Hydra reisen, eine kleine Insel im Saronischen Golf (nahe Athen), die wegen der hübschen Kulisse ihrer Altstadt als begehrte Hochzeitsadresse gilt – man wird kaum einen Nachmittag erleben ohne Bräute und Bräutigame, die in voller Montur vor dem Meerespanorama posieren. Nur im August ist es hochzeitstechnisch dort hitzebedingt etwas leerer. Andererseits besteht in dieser Zeit immerhin echte Regensicherheit.

Schlechte Witterung ist in nördlicheren Gefilden das größte Risiko für eine Hochzeit am Strand – besonders in Deutschland (an Ost- und Nordsee wird ja ebenfalls eifrig getraut). Um diesbezüglich auf der sicheren Seite zu sein, greifen so manche lieber tiefer in die Tasche und reisen gleich an einen Traumstrand, bei dem man sich auf das Wetter verlassen kann – wie den Waikiki Beach auf Hawaii. Da regnet es zwar auch, aber meist nur kurz, und es bleibt warm (Dauerregen ist lediglich auf die Wintermonate beschränkt). Allerdings träumen weltweit viel zu viele von einer Trauung an diesem Ort, deswegen darf mittlerweile nur noch an einem Strandabschnitt von Waikiki geheiratet werden, und zwar dem Kahanamoku Beach. Und dort treffen wir unseren Helden vom Kapitelanfang wieder! Er steht hier als Statue mitsamt Board verewigt im Sand: The Big Kahuna!

Er selbst hat erst mit fünfzig geheiratet, die wesentlich jüngere Nadine (die ihn um fast dreißig Jahre überlebte). Ob ihre Trauung 1940 am Strand stattfand, ist nicht mehr herauszufinden, bekannt ist aber, dass es eine glückliche Ehe war, was man an den vielen Fotos des strahlenden Paares sieht. Am besten gefällt mir eines, auf denen Duke beim Surfen seine lachende Ehefrau auf den Schultern trägt.

Der Held aller Surfer hat außerdem noch mehr für den Strand getan, als seine Inseln und seinen Sport berühmt zu machen – er war dabei, als Beachvolleyball geboren wurde. Denn das passierte genau hier, am Waikiki Beach. Darüber hinaus trug Kahanamoku als Sportdirektor im kalifornischen Santa Monica dazu bei, dass Beachvolleyball als ernsthafte Sportart etabliert wurde.

Erfunden wurde der Sport aber nicht von Duke, sondern von einem anderen Hawaiianer, dem Schwimmtrainer George David Center, der das Hallenspiel (das seinerzeit erst zwanzig Jahre alt war) nach draußen in den Sand verlegte – 1915 fand die erste Partie am Strand statt. In der Folge machten bald die US-Amerikaner in dieser Sportart von sich reden, ebenso wie die Brasilianer, bei denen sie sich auch früh etablierte (kein Wunder bei 7500 Kilometer Küstenstrecke!).

Von Anfang an wurde Beachvolleyball in Badebekleidung gespielt. Die Regel, dass die Höschen der Damen dabei seitlich nicht breiter als sieben Zentimeter sein dürfen, stammt allerdings erst aus dem Jahr 2004. Vorher und nachher wurde gestritten, welche Kleidung bei den Damen angemessen ist. Beim Beachvolleyballturnier in Doha 2021 wurden erhitzte Diskussionen zu dem Thema geführt, es ging darum, dass die Veranstalter sich längere Hosen wünschten – wogegen Spielerinnen protestierten und weshalb manche absagten. Bei der Beachhandball-EM 2021 wiederum wurden Spielerinnen abgestraft, weil sie breitere Hosen trugen. Das Thema ist also kompliziert…

Abgesehen von ideologisch aufgeladenen Erwägungen um die Bekleidung taugt Beachvolleyball aber bestens als Symbol dafür, wie ein Strandgefühl sich selbst in trockenste Binnenbereiche ausbreiten kann: Überall da, wo auf aufgeschüttetem Sand gespielt wird, entsteht automatisch ein Beach – auch ohne jedwedes Ufer.

Noch besser ist die Stimmung bei diesem Spiel natürlich an einem echten Strand – nicht nur für Profis, sondern auch für Amateure, die einfach nur eine Runde spielen. Für die wahrscheinlich sogar besonders, denn da geht es nicht so sehr ums Gewinnen, sondern um den Spaß! Man tummelt sich einfach gemeinsam mit anderen im Sand, am besten spät am Nachmittag, wenn die Sonne schon schräg steht und nicht mehr so runterbrennt. Nach dem Spiel geht es vielleicht noch mal zum Erfrischen ein paar Minuten ins Meer – das ist dann besonders herrlich.

Schließlich lässt man den Tag mit einem Sundowner aus-
klingen. Und vielleicht wird sogar noch eine Strandparty
draus!

Der Strand in Kunst und Kultur

Lieben Sie es auch so wie ich, Touristen aus fremden Ländern aufs Strandtuch zu gucken und einen Blick auf ihre Urlaubslektüre zu erhaschen? Ich tue dies regelmäßig bei Strandspaziergängen. Auf diese Weise lernte ich beispielsweise, dass »Der Distelfink«, die mit beliebteste Urlaubslektüre im Jahr 2016, auf Spanisch »El jilguero« heißt und auf Niederländisch »Het Puttertje«. Am besten gefällt mir allerdings die portugiesische Version des Bestsellertitels von Donna Tartt: »O Pintassilgo« – klingt das nicht fast wie Musik?

Sonnenmilchverklebt, feuchtigkeitsgewellt und aufgebläht vom Sand stehen die Werke der Saison dann nach dem Urlaub ausgelesen in Hotellobbys im Regal – so ist das nun mal mit Urlaubsbüchern, weil sie am Schluss oft nicht mehr in die komischerweise geschrumpfte Reisetasche passen …

Schon länger lesen dabei alle Nationen die gleichen Bücher – siehe internationale Bestseller. Mitbekommen hat man das früher nicht, weil noch vor ein paar Jahren nicht alle überallhin reisten. (»Alle« tun es eigentlich auch heute noch nicht – wie die meisten angeblich globalen Trends handelt es sich bei der Rumreiserei um ein reines First-World-Verhalten.) Schon seit einiger Zeit ist dieses Phänomen zu beobachten, das man »globalisiertes Lesen« nennen könnte – wenn also zum Beispiel Spanier, Briten, Niederländer und Franzosen am selben Strand in der Türkei sitzen und, jeweils in ihrer Landessprache, das gleiche Buch verschlingen. Auch auf dem iPad – aber da sind die Titel für Vorbeischlendernde ja nicht erkennbar.

Los ging die vereinheitlichte Urlaubslektüre mit einem Werk, das vom Strand handelt, ihn sogar im Namen trägt. Der Autor heißt Alex Garland, der Titel »The Beach«. »Der Strand«. »A Praia«. »Stranden«. »La Plage«. Von der Ostseeküste bis nach Brasilien, von Bali bis Zypern – alle schmökerten in diesem Buch! Nicht nur, weil es spannend war, sondern auch typisch für seine Zeit. Das Thema: Backpacker, die sich das Zitat von Hans Magnus Enzensberger zu sehr zu Herzen genommen hatten, das da lautet: »Der Tourist zerstört, was er sucht, indem er es findet!« Sie selbst allerdings sahen sich nicht als Touristen, sie hielten sich für Weltreisende, ja für Welteroberer, zumindest eines kleinen Fleckchens: des titelgebenden Strandes, der ein unerschlossener und einsamer war.

Die Geschichte spielt in Thailand, der Brite Richard (in der Verfilmung von Leonardo DiCaprio verkörpert) ist genervt von der Kommerzialisierung des Fernreise-Urlaubs, von Lärm und Menschenaufläufen – bis er schließlich an einem geheimen Strand landet, dem Strand schlechthin, ruhig, idyllisch, ein Realität gewordenes Idealbild. Er wird von ihm und einer Gruppe Aussteiger eifersüchtig be-

wacht. Das Wissen um diesen Strand ist bei ihnen Distink-
tionsmerkmal ihrer Überlegenheit als Auserwählte, für die
sie sich irgendwie zu halten scheinen.

Es war eine Zeit, in der junge Menschen eine Weile
reisten, ja fast reisen mussten, um nicht im späteren Leben
und in ihren Lebensläufen für langweilig gehalten zu werden, und die Engländer hatten sogar einen Begriff für
diese Findungsphase: »Gap Year«, das Jahr zwischen Schul-
abschluss und Studienanfang, wobei »Year« hier nur eine
ungefähre Angabe ist.

All dies spielte sich allerdings vor Corona und Energie-
krise ab, die insgesamt die Reisezahlen schmälerten. Die
Geschichte von »Der Strand« war in den Neunzigern angesiedelt, als die Welt so heil war wie kaum je zuvor, und
wie sie wahrscheinlich auch kaum je wieder sein wird:
nach dem Zusammenbruch des Eisernen Vorhangs und
vor 9/11. Es herrschten Reichtum, Sorglosigkeit, Hedo-
nismus. Was nicht heißt, dass man sich diesen Kosmos
nicht dennoch (oder gerade deshalb) zur Hölle machen
konnte – und davon handelt dieses Buch. Schließlich nämlich, und das ist der Gipfel der Dekadenz, ist den jungen
Pseudoabenteurern das Wissen um ihren Geheimstrand
wertvoller als das Leben zweier von Haien verletzten Gefährten, und so machen sie sich gemeinsam schuldig an
deren qualvollem Tod.

Es ging aber nicht nur um einen Strand, sondern auch
ums Stranden an sich – und damit stand Autor Garland
in alter literarischer Tradition. Literaturexperten sprechen
von einer Robinsonade, wenn Buchprotagonisten in der
Isolation landen und beispielsweise auf einer einsamen Insel zurechtkommen müssen, abgeschnitten von der Zivilisation mit ihren Gesetzen und Regeln des Zusammen-

lebens, frei und auf sich gestellt wie dereinst Adam und Eva im Paradies – inklusive Sündenfallrisiko.

Der Strand macht sich dabei gut in der Rolle als Garten Eden. Wo wäre es auch schöner als in einsamen, palmengesäumten Inselbuchten, vor sich ein fischreiches, warmes Meer, im Hinterland am besten ein kleines Stück fruchtbarer Pflanzendschungel. Doch der Mensch bringt die Hölle ins Paradies, siehe auch der »Herr der Fliegen«. In William Goldings Jugendroman über mit dem Flugzeug abgestürzte Kinder und Jugendliche (ebenfalls eine Robinsonade) wird vor schöner Inselkulisse sogar gemobbt und gemordet, wobei die bösen Bullys den guten Jungs überlegen sind und der Anführer der Guten am Schluss nur ganz knapp von Erwachsenen gerettet wird.

Dagegen geht's bei Robinson selbst, dem Namensgeber dieser Erzählform, regelrecht nett zu – möchte man meinen. Doch mit heutigem Verständnis gelesen, ist der bekannteste Schiffbrüchige der Weltliteratur, den viele als einsamen, aber freundlichen Inselbewohner aus dem Nachmittags-TV kennen, ein grausamer Fiesling, zumindest in der Originalfassung des Romans von Daniel Defoe.

Bei Robinson nämlich hatte sich der Sündenfall bereits ereignet, bevor er strandete. Auf einer Seefahrt wurde er von Piraten überfallen und versklavt, doch gelang ihm die Flucht, gemeinsam mit einem Gefährten namens Xury. Zum Dank verkaufte er den armen Xury aber allen Ernstes selbst als Sklaven an den portugiesischen Kapitän, der die beiden gerettet hatte.

Das Schicksal meinte es dennoch gut mit Robinson, und er wurde später als Plantagenbesitzer reich. Doch dann brach er erneut zu einer Reise auf, mit einem fürchterlichen Ziel: Er wollte Sklaven aus Guinea kaufen, sie sollten auf seiner Farm schuften.

Und mit diesem Wissen ist man heute eher froh, dass nun endlich der Schiffbruch passiert und Robinson es nicht bis nach Afrika schafft, sondern stattdessen auf der einsamen Insel angespült wird. 28 Jahre harrt er dort aus, doch seinen Charakter bessert das nicht, im Gegenteil. Den einzigen Gefährten, den er dort fand, Freitag, behandelt er all die Jahre wie einen Diener und nicht wirklich wie einen Freund. Fast schade, dass Robinson am Ende gerettet wird!

Das Problem: Der Mensch ist schlecht. Oder ist er doch gut? Darüber kann gestritten werden, und das wird es auch mal wieder. Vor Kurzem meldete sich ein Positivdenker, der trotz des russischen Angriffskriegs gegen die Ukraine und anderer Gräueltaten an das Gute im Menschen glaubt, mit einem internationalen Bestseller zu Wort: Gerade in Notzeiten und auf sich gestellt zeige der Mensch ganz im Gegenteil von Natur aus ein freundliches und hilfsbereites Gesicht – so der Ansatz des niederländischen Historikers Rutger Bregman. Er führt Beispiele zu Felde wie die Geschichte einer Gruppe Teenies, die im wahren Leben auf einer Insel gestrandet waren: Das lief keineswegs so grausam ab wie bei den kleinen Teufeln im »Herr der Fliegen«, sondern alle waren kooperativ und gut durchorganisiert. Bregmans Buch »Im Grunde gut« wird jedenfalls mit Sicherheit auf vielen Strandtüchern liegen …

Noch zwei Sachbücher, die sogar direkt vom Strand handeln, müssen an dieser Stelle unbedingt empfohlen werden: Wer eine fundierte historische Beschäftigung mit dem Thema sucht, kann zu »The Lure of the Beach –

a Global History« greifen. Der Verfasser, ein US-Historiker namens Robert C. Ritchie, erklärt, wie sich das moderne Verhältnis des Menschen zum Strand entwickelte – hochinteressant und auch gut lesbar (leider bisher nur auf Englisch).

Eine preisgekrönte Auseinandersetzung mit dem Thema Strand gelingt außerdem Bettina Baltschev mit ihrem Buch »Am Rande der Glückseligkeit: Über den Strand«, das 2021 den Johann-Gottfried-Seume-Literaturpreis erhielt (und eine Nominierung für den Deutschen Sachbuchpreis 2022). Es geht um acht Strände in acht Ländern am Rande Europas, die ausgelotet werden – mit ihrer Geschichte, den Menschen, auch der politischen Relevanz.

Aber noch mal zurück zum Kampf zwischen Gut und Böse – am Strand wird er ständig ausgefochten, in einer Armada von Krimis, die an küstennahen Ferienorten spielen. Mord, wo der Leser Urlaub macht – das ist seit Jahrzehnten eines der beliebtesten Krimikonzepte. Hierzulande besonders erfolgreich sind derzeit die Werke von Jean-Luc Bannalec über den französischen Kommissar Dupin, der seine Fälle in der Bretagne mit ihren weißen Stränden und hellen Sommerabenden löst. Vielleicht bedient der Autor die Leserwünsche der Deutschen gerade deshalb so perfekt, weil er selbst einer ist: Bannalec ist ein Pseudonym, in Wahrheit dichtet hier der Frankfurter Verlagsprofi Jörg Bong.

Strandfeeling transportieren auch die Krimis von Viveca Sten – mit nordischem Charme, weil sie im Schärengarten Stockholms spielen. Dass sie hierzulande so erfolgreich sind (auch in der TV-Verfilmung), könnte mit Astrid Lindgren zusammenhängen, schließlich ist die Zielgruppe mit dem Kinderbuchklassiker »Ferien auf Saltkrokan« aufgewachsen und fühlt sich in den Schären quasi wie zu Hause.

Auch in meinem Fall gehört es zu den frühesten Fernseherinnerungen (lange bevor ich lesen konnte), wie Stina und Tjorven mit Hund Bootsmann über die Insel tollten oder mit ihrem kleinen Boot rausschipperten. Als Kind wäre ich am liebsten auch auf eine Schäreninsel in den Urlaub gefahren, aber meine griechische Mutter, der Deutschland schon zu kalt war, mochte nicht. Und tatsächlich tragen die Kinder in der Serie mitten im Sommer verdächtig oft dicke Pullis (ebenso wie die Protagonisten in den TV-Krimis von Viveca Sten).

Man möchte meinen, dass die meisten Menschen im Badeurlaub gut gelaunt sind, aber offenbar löst der Anblick von Sand und Kieseln, von türkisfarbenem Wasser und Sonnenuntergängen an idyllischen Ufern bei manchen ganz im Gegenteil eher Melancholie aus. Vielleicht liegt das daran, dass die schöne Aussicht dazu führt, dass sich trübe Gefühle im Kontrast noch deutlicher abzeichnen. Wenn man allein und Single ist, können Sonnenuntergänge und der ganze Romantikkram unter Umständen leidensverstärkend wirken. Aber auch im Familienverband oder als Paar ist man vor (Psycho-)Krisen nicht gefeit, weil man in den Ferien endlich mal Zeit für Dramen hat.

Wie dem auch sei, jedenfalls gibt es zuhauf melancholische Werke, die am Strand und an strandnahen Urlaubsorten spielen – es ist fast schon ein eigenes Genre, ich nenne es hier mal: Frust am Strand. Die Mutter dieser Gattung ist selbstredend »Bonjour Tristesse«, ein Klassiker der Strandliteratur, von der jungen Françoise Sagan im Jahr 1954 mit nur 18 Jahren in wenigen Monaten verfasst.

Die Sommerhitze der Côte d'Azur lässt hier die Gefühls-
welten aufkochen, und so nimmt das Unheil seinen Lauf,
als die junge Hauptfigur, die 17-jährige Cécile, aus Lange-
weile, Eifersucht und Egozentriertheit die Freundin ihres
Vaters in den Tod treibt – und spätestens dann weiß, dass
sie nun alle Unschuld verloren hat…

Auch in Ian McEwans Buch »Am Strand« wird gelit-
ten – ein junges Paar ist in den 1950er-Jahren in den Flit-
terwochen, aber schon die Hochzeitsnacht läuft schief,
und die Aussprache am Chesil Beach wird zu einem
Missverständnis, das die beiden auseinanderbringt. Und
alles nur, weil keiner der Beteiligten über seinen Schatten
springen kann. Da kann selbst die herrliche Atmosphäre
des kühnen Nordseestrands in Dorset nichts ausrichten!

Zum Glück sind die Helden von »Call Me by Your
Name« nicht so enervierend verklemmt, sondern geben
sich ihrer gegenseitigen Anziehung hin – aber die Geschichte spielt ja auch nicht in den Fünfzigern, sondern
1983. Der Film ist (fast) noch reizvoller als das Buch von
André Aciman, spielt doch Timothée Chalamet darin
seine bis dahin größte Rolle. Er gibt den 17-jährigen
Sohn eines Archäologen in Norditalien, der sich in einen
(etwas) älteren amerikanischen Studenten seines Vaters
verliebt – und vice versa.

Die Strände, die hier vorkommen, sind ein Seestrand
in der Nähe Bergamos und das Ufer des Gardasees (im
Buch ist es der Adriastrand), wo die Helden schwimmen.
Ansonsten geben sie sich ganz der Sommerstimmung hin.
Große Festtafeln im Freien werden gedeckt, es wird ge-
feiert, mit der Dorfgemeinschaft gescherzt und Karten
gespielt. Es passiert also erst mal nicht viel, aber das muss
es auch gar nicht, die Geschichte lebt von der fast schon

schmerzhaften Schönheit des Sommers, dem Zweifel der Gefühle, dann dem kurzen Glück zusammen und schließlich einem sanften Trennungsschmerz.

Echte Traurigkeit kommt erst am Ende auf, im Winter, als die Liebenden telefonieren und der Amerikaner gesteht, dass er sich mit einer jungen Frau verlobt hat – und das ist nun wirklich das Ende der gemeinsamen Liebesgeschichte. Ein letztes Mal ruft der junge Italiener seinen Geliebten mit seinem eigenen Namen, so wie sie es davor schon (zur Tarnung) getan haben. Sein Liebeskummer ist dabei so berührend, dass man dahinschmelzen könnte.

Genug geschmachtet und geweint, der Strand hat nicht nur zarte Reflexionen hervorgebracht, sondern – Blockbuster! Tatsächlich hat ein Film, der überwiegend am Wasser und am Strand spielt, die Blockbuster-Ära sogar eingeläutet, und zwar mit einem sehr beunruhigenden Klang: dam dom dam dom dam dom. Erraten Sie, welcher Film gemeint ist?

Natürlich: »Der Weiße Hai« – was sonst! Ein Horrorfilm, regelrecht traumatisierend. Gesehen haben dürfte Steven Spielbergs Werk aus dem Jahr 1975 sicherlich schon ausnahmslos jeder, zumindest den Anfang, aber hier noch mal für alle, die sich nicht erinnern: Es geht darum, dass sich der namensgebende Weiße Hai, ein schreckliches Biest, das sich auf Menschenfleisch spezialisiert hat, über Badende in der kleinen Küstenstadt Amity hermacht – und um einen Polizeichef (gespielt von Roy Scheider), der es bei dem Kampf gegen das Monster auch noch mit den Autoritäten der Stadt zu tun bekommt, die weniger Angst vor dem Hai als vor dem wirtschaftlichen Niedergang haben und die zu erwartenden Touristenscharen, die am 4. Juli anreisen wollen (Unabhängigkeitstag!), nicht durch Strandschließungen vergraulen möchten. Was die Jagd auf das Monster im Meer gehörig behindert.

Wer beim Baden im Ozean tatsächlich Angst vor Haien hat, sollte diesen Absatz überspringen. Denn: Kaum jemandem hier bei uns ist präsent, dass der Film auf einem Roman des Journalisten Peter Benchley basiert, der wiederum einen realen Hintergrund hat. Es war im Jahr 1916, als tatsächlich eine Serie von Haiangriffen bekannt wurde, allerdings nicht in Amity (welches eine Filmerfindung ist – gedreht wurde in Edgartown auf Martha's Vineyard), sondern an der Küste von New Jersey, wo fünf Menschen kurz hintereinander angefallen und dabei vier von ihnen getötet wurden. Welche Haiart dafür verantwortlich war – also ob es Weiße oder Bullenhaie waren – und ob es sich um ein einzelnes oder verschiedene Tiere handelte, ist bis heute unklar.

Der Bucherfolg von 1974 und der Film »Jaws« (also »Kiefer«, so heißt »Der Weiße Hai« im Original) sorgten dafür, dass ein regelrechter Hass auf Haie ausgelöst und viele umgebracht wurden, dabei handelt es sich bei Haiattacken grundsätzlich eher um bedauerliche Unfälle – eigentlich stehen wir nicht auf dem Speiseplan dieser Tiere. Autor Benchley gab später sogar an, dass er es bereue, das Buch geschrieben zu haben, weil es zur massiven Dezimierung von Haien geführt habe.

Wenn wir schon bei den Gefahren des Meeres sind: Die sind offenbar derart faszinierend, dass eine TV-Serie, die am Strand spielt, zur weltweit beliebtesten ihrer Zeit wurde. Eine Milliarde Menschen sah sie auf dem Höhepunkt ihrer Popularität wöchentlich, in 144 Ländern: »Baywatch«!

Dabei war die Serie zunächst ein Flop und wurde nach der ersten Staffel im Jahr 1990 abgesetzt. Doch dann nahm sich Hauptdarsteller David Hasselhoff als Produzent der Sache an, und damit kam der Erfolg. Das größte Faszinosum von »Baywatch« war laut einiger Kritiker, die sich mit der Serie auseinandergesetzt haben, der Körperkult – insbesondere weil kurvenreiche Stars wie Erika Eleniak und natürlich Pamela Anderson mitspielten. Ansonsten wurde zunächst auf Action gesetzt, in den Folgejahren aber dann recht bald umgeswitcht – »Baywatch« wurde zur Dramaserie, bei der es auch um Schicksalsschläge, Krankheiten und familiäre Probleme ging.

Obwohl die Serie bei uns von 1990 bis 2003 lief, kann ich mich nicht erinnern, auch nur eine zusammenhängende Folge geschaut zu haben (oder wahrscheinlich habe ich das verdrängt). Deswegen zog ich mir nun ein paar Serienschnipsel auf YouTube rein und war völlig perplex. Besonders die Actionszenen sind mieser als jedes Laientheater. War »Baywatch« eine Persiflage, und keiner hat's gemerkt? Oder ließen die Leute den ganzen Käse nur über sich ergehen, um Pam Anderson zu sehen? Wenn man die Kommentare unter den YouTube-Einspielern liest, wird Letzteres wohl am ehesten der Grund gewesen sein.

Weg von der unfreiwilligen Komik zur beabsichtigten im Strand-Film: Da tummelten sich bereits recht früh (ab 1953) die Franzosen im Sand, beispielsweise der Komiker Jacques Tati in der Kinoserie »Die Ferien des Monsieur Hulot«. Das war damals noch eher leise Filmkunst um einen etwas verschrobenen Kleinbürger im Badeurlaub, dem ständig Missgeschicke passierten. Gesprochen wird in den Hulot-Filmen nicht – und wenn, dann verschwimmen die Worte zu unverständlichem Soundbrei. Es gibt aber Hintergrundgeräusche, die aus den typischen Sommerlauten wie Wellen, Bootsmotoren, Möwengeschrei et cetera bestehen, alles recht hübsch und stimmungsvoll, aber für den heutigen Geschmack etwas sehr betulich.

Schriller ging es dann zehn Jahre später zu, als die Reihe »Der Gendarm von Saint-Tropez« mit Louis de Funès in die Kinos kam, dem hektischen kleinen Komiker mit den ulkigen Grimassen, der wie ein Tränenlachgarant wirkte. In Saint-Tropez kämpfte er mit Verve gegen Nudisten am Strand, aber auch gegen die Ablösungsversuche seiner Tochter, die sich einer wohlhabenden Clique junger Leute anschloss. Er stand dabei stets auf verlorenem Posten – das machte es so lustig. Auf Saint-Tropez' Tourismus jedenfalls wirkte sich sein Einsatz positiv aus – die Filme machten den damals eher unbedeutenden Badeort richtig bekannt.

Ein Abenteuer-Grusel-Klamauk der etwas jüngeren Zeit ist die »Fluch der Karibik«-Reihe mit Johnny Depp, die ab 2003 in den Kinos lief. Heute kann man es sich kaum mehr vorstellen, aber davor galt Johnny Depp, der im Kino zunächst in eher künstlerischen Filmen zu sehen war, als Kassengift, niemand traute ihm den ganz großen Erfolg zu. Und noch ein eher unbekannter Fact: In seinen Rollen nimmt Depp sich stets eine bestimmte Person des öffentlichen Lebens zum Vorbild und kopiert ihr Verhalten, das ist seine Arbeitsweise. Als Vorbild für diese Rolle hatte er sich Keith Richards vorgenommen. Kapitän Jack Sparrow ist also in Wahrheit eine Parodie auf den Stones-Gitarristen.

Noch ein vergnüglicher Strandklassiker: »Mamma Mia!«, die Musicalproduktion rund um eine nach Griechenland ausgewanderte Hotelbesitzerin (Meryl Streep), die zur Hochzeit ihrer Tochter deren drei potenzielle Väter empfängt. Das Komischste daran ist, dass alle im Film singen müssen und es gar nicht können. Besonders schief klingt der Ex-Bond-Darsteller Pierce Brosnan. Die schönen Außenaufnahmen an Stränden und an der Küste sorgten dafür, dass Griechenland bei Urlaubern noch beliebter wurde. Der Film ist für Abba-Liebhaber Kult – das geht so weit, dass ich zufällig mal erleben konnte, wie zwanzig britische Touristen eine Szene nachspielten (und filmten), und alle gemeinsam von einem Steg sprangen – mit Flossen an den Füßen und natürlich mit musikalischer Untermalung!

Ob Musical oder Drama, die Spur des Strandes zieht sich durch alle Genres, natürlich auch auf Netflix. Sogar ganz besonders auf Netflix, wo es zuhauf Serien mit Stränden in der Haupt- oder Nebenrolle gibt – vielleicht nicht ganz so viele wie Sand am Meer, aber es geht schon in diese Richtung, daher kann hier unmöglich alles behandelt werden.

Interessant finde ich dabei aber die Dramaserie »Virgin River«, und zwar nicht, weil mir die Geschichte rund um eine Hebamme, die in die Provinz geht, um alte biografische Wunden zu heilen, so gut gefällt (zu gefühlig), sondern weil der namensgebende Fluss, ein Nebenarm des Colorado River, hier so stark im Mittelpunkt steht und an seinem Kiesufer ständig gegrillt oder gepicknickt wird – auch in Winterszenen. Ein schöner Flussstrand taugt eben in jeder Jahreszeit als Kulisse!

Noch mehr Beachfeeling in Serien gefällig? Hier ein paar Kostproben: In »Outer Banks« geht es um Arm gegen Reich, um Liebe, Mord und einen Goldschatz – besonders rasant und spannend gedreht (spielt an den spektakulären Stränden von South Carolina). »Der Sommer, als ich schön wurde« ist eine Coming-of-Age-Geschichte – aber mit mehr Tiefgang, als man zu Beginn vermutet (gedreht an den Stränden von Cape Cod). »Surviving Summer« ist eine Surfserie, in der endlich mal die Mädchen die Coolsten sind (Setting ist die australische Surf Coast). Und es gibt noch viele, viele mehr!

Oops, I did it again (um es mit den Worten der wackeren Britney Spears zu sagen), ich erwähnte gerade schon wieder das Thema Surfen! Aber ich konnte nun mal noch nicht alles loswerden, was dazu zu sagen wäre. Beispielsweise dass das interessanteste Buch der letzten Jahre über das Surfen »Barbarentage« heißt und von dem Journalisten William Finnegan verfasst wurde, der seine Jugend größtenteils surfend verbrachte und in etwa jeden einzelnen Strand und jede Bucht, die er besucht hat, beschreibt, auf 566 Seiten. Und trotzdem ist das Buch nicht eintönig. Es stand vor ein paar Jahren auf der Leseliste von Barack Obama, der ja immer die besten Tipps hat und der, weil er in Hawaii aufwuchs, ebenfalls Surfer ist. Er betreibt Wellenreiten und Kitesurfen!

Eine der einflussreichsten Surfdokumentationen heißt »The Endless Summer« (1966) und inspirierte viele Surfergenerationen; auch die unaufgeregte Musik der Band The Sandals, mit der der Film unterlegt ist, war sehr populär.

Apropos Musik: Einer der berühmtesten Surfsounds heißt *Misirlou* von Dick Dale, ein Gitarrenstück, das auch in »Pulp Fiction« gespielt wird, ein sonderbar orientalisch anmutendes Werk. Die Melodie stammt tatsächlich aus der Türkei, zum ersten Mal veröffentlicht wurde sie allerdings 1927 in Athen, mit einem Text, der damals recht heikel war, es ging nämlich um die Liebe eines Christen zu einer Muslimin (*Misirlou* bedeutet »Ägyptermädchen«). Wie nun Fender-Gitarrist Dick Dale an die Melodie kam, der wohl gar keine griechisch-türkischen Wurzeln besaß (sondern libanesisch-polnische) – das ist nicht so leicht herauszufinden. Wer Kenntnis darüber hat, kann mich gern informieren!

Nun ist aber wirklich Schluss mit Surfen, wir wenden uns einem ernsthafteren Thema zu: der klassischen Musik! Das Meer ist häufig Inspiration gewesen – beispielsweise bei Debussys symphonischen Skizzen »La Mer« oder beim »Early Morning Bathe«, dem ersten Satz von Benjamin Brittens Pianosuite »Holiday Diary«.

Beim Strand selbst ist es schon schwieriger, doch es gibt ein Stück, das explizit komponiert wurde im Gedenken an einen Strand, und zwar von Richard Strauss. Es handelt sich um »Am Strande von Sorrent«, den 3. Satz von »Aus Italien«, seiner »Sinfonischen Fantasie (G-Dur) für grosses Orchester«.

Mit ein bisschen gutem Willen könnte man auch Tschaikowskis »Schwanensee« als Strandmusik betrachten. Mir gefällt der Gedanke, dass Odette und ihr Prinz zusammen im Sand tanzten, und das wäre ja auch naheliegend – wo sonst sollte man mit einem Schwan turteln, wenn nicht am Ufer, also einem Seestrand? Vielleicht ist »Schwanensee« ein Beachballett, nur hat das vorher noch niemand so genannt ...

Aber das ist natürlich nur Spekulation, darum wenden wir uns jetzt wieder den Tatsachen zu – und der moderneren Strandmusik. Am bekanntesten dürften dabei die Café del Mar Compilations sein, die inspiriert sind von dem wundervollen Sonnenuntergang in Sant Antoni auf Ibiza. Bei den Alben, die seit 1994 regelmäßig jedes Jahr veröffentlicht werden (außer in den Coronajahren), handelt es sich um Chillout-Sounds und psychedelische Klänge. Die ersten nahm noch der 2020 verstorbene Star-DJ José Padilla auf, später übernahm sein Nachfolger Bruno Lepretre. Die Musik klingt heute immer noch gut, das Café selbst leidet aber unter seinem eigenen Ruhm und ist mittlerweile sehr überteuert (in der ersten Reihe am Meer beispielsweise besteht ein Verzehrmindestbetrag von fünfzig Euro pro Person). Die Stimmung bei Sonnenuntergang in Sant Antoni kann man aber auch einfach so auf den Steinklippen vor dem Café genießen. Wenn die Sonne dann ins Meer dippt, gibt es immer großen Applaus!

Gern würde ich an dieser Stelle alle lohnenswerten Musikfestivals aufzählen, die allsommerlich an Stränden stattfinden – es sind nur einfach zu viele. Also hier wenigstens ein paar: Da gibt es zum Beispiel das Sea You, direkt am Tunisee nahe Freiburg im Breisgau (an einem der wärmsten Orte Deutschlands, so die Eigenwerbung), das immer an drei Tagen und Nächten im Juli stattfindet und auf dem überwiegend elektronische Musik gespielt und aufgelegt wird. Oder, in den Niederlanden, das ebenfalls dreitägige Concert at SEA auf dem Brouwersdam nahe Rotterdam (Rock, Pop, Indie). Fans elektronischer Musik zieht es außerdem in Scharen nach Kroatien, wo die Saison mit dem Lighthouse Festival in Poreč im Mai losgeht (und dem x weitere Locations folgen). Außerdem gibt es in Italien auf Sardinien das SUNANDBASS (acht Tage Drum and Bass), auch direkt am Strand. Und so weiter und so fort.

Eines der allerwichtigsten muss aber noch erwähnt werden: das Montreux Jazz Festival (das längst auch anderen Musikstilen wie etwa Hip-Hop offensteht). Es dauert ganze 14 Tage, das macht es so besonders, ebenso wie die schöne Atmosphäre in Montreux mit seiner bezaubernden Altstadt und der herrlichen Promenade am Genfer See mit den hübschen Cafés und Lokalen. Die Schweiz ist für Nichtschweizer zwar quasi unbezahlbar, doch während dieses Festivals gibt es sogar Gratiskonzerte auf der sogenannten Super Bock Stage im Parc Vernex – direkt am Wasser, wunderschön!

Als Pendant zum Montreux Jazz Festival wären für Freunde der Oper die Bregenzer Festspiele zu nennen, die jährlich im Juli und August stattfinden. Besonders beeindruckend ist die Seebühne, die eine Insel im Wasser bildet und bei der es sich um die weltweit größte ihrer Art handelt. Nicht nur die Akustik und die Inszenierungen sind spektakulär, sondern auch die Kulissen – bei »Madame Butterfly« in der Spielzeit 2022/2023 beispielsweise ein überdimensioniertes, auf dem Wasser zu schwimmen scheinendes Blatt Papier.

Wenn es darum geht, wie der Strand die Malerei beeinflusst hat, dann würde man im ersten Moment nicht unbedingt an den Impressionisten Claude Monet denken. In den letzten dreißig Jahren seines Lebens widmete er sich ausschließlich den Seerosen in seinem Gartenteich in Giverny und malte sie 250-mal. Es gibt aber auch Strand- und Meeresbilder von ihm – nicht gerade 250, aber dennoch sehr viele, und das ist in seinem Fall naheliegend, denn er wuchs in Le Havre in der Normandie auf. Zum Beispiel malte er den Strand des nahen Ortes Sainte-Adresse, wo seine Familie ein Sommerhaus hatte, den Strand von Trouville, von Pourville, von Étretat. Das Licht ist auf jedem dieser Bilder anders, ebenso wie die Reflexion auf dem Meer. Ich persönlich interessiere mich nicht sehr für den Impressionismus, aber diese Bilder haben eine Wirkung auf mich. Wenn ich sie sehe, muss ich lächeln.

Das berühmteste Strandbild ist sicherlich »Die Geburt der Venus« von Botticelli, wobei eigentlich gar nicht die Geburt, sondern die Landung der Schaumgeborenen auf einer Muschelhälfte am Strand gezeigt wird. Alles ist unfassbar schön an diesem Bild, von den winzigen Wellen, die die Muschel umspülen, bis zum Faltenwurf des Umhangs, den Hora für Venus bereithält – aber das muss ich an dieser Stelle sicherlich nicht weiter beschreiben, denn jeder kennt dieses Werk (das in den Uffizien in Florenz ausgestellt ist).

Der Ort, an dem Botticellis Venus anlandet, ist übrigens Zypern, und zwar der Strand von Paphos, doch den hatte Botticelli mit Sicherheit nie selbst gesehen, denn die auf dem Gemälde dargestellte Vegetation ist vollkommen anders als an einem zyprischen Strand. Aber dahinter stecken ja vielleicht symbolische Erwägungen – Kunsthistoriker wissen sicherlich mehr darüber.

Mindestens so berühmt wie Botticellis Venus sind Gauguins Strandbilder aus Tahiti, diese unglaublich farbenfrohen Frauenporträts. Die Vorwürfe, dass Gauguin auf Tahiti zeitweise Verhältnisse mit 13 oder 14 Jahre alten Mädchen hatte und eine Jugendliche heiratete, schmälern den Kunstgenuss allerdings. Die Frage dabei ist: Macht das alles Gauguins Kunst schlechter? Und will man sie vor diesem Hintergrund überhaupt noch sehen?

Ein ähnliches Dilemma ergibt sich beim Betrachten der Fotografien von Bruce Weber. Der berühmte Mode- und Promifotograf hatte in den 80er-Jahren in Rio mit Models sensationelle Strandfotos geschossen, so lässig und gleichzeitig sinnlich, dass es unfassbar war. Körperkult natürlich, aber wahnsinnig aufregend, neu und cool.

Bei uns in Deutschland wurde die »O Rio de Janeiro«-Serie, wie sie hieß, damals in dem (mittlerweile längst eingestellten) Magazin *Tempo* gezeigt. Wir blätterten sie immer und immer wieder durch, und ich kannte einige, die Bilder daraus in ihre Zimmer gehängt hatten (mein Bruder zum Beispiel). Für uns war es, als hätte Weber den Strand überhaupt erst erfunden, extra für uns, weil wir erkennen konnten, was er darin sah, und dasselbe damit verbanden. Das ist es wahrscheinlich, was Kunst ausmacht, sie spricht zu uns, als wäre sie für uns persönlich kreiert.

Heute allerdings haben auch diese Bilder beim Betrachten einen unangenehmen Beigeschmack, seit man weiß, dass 15 männliche Models den Fotografen der sexuellen Belästigung bezichtigen.

Selbst der Altmeister der Bauhaus-Architektur, Le Corbusier, hat keine weiße Weste – immer wieder wurde er mit rechtem Gedankengut in Verbindung gebracht, im Zweiten Weltkrieg soll er sich zudem opportunistisch gegenüber Mussolini und dem Vichy-Regime verhalten haben, um sich dann, nach Ende des Krieges, ganz im Gegenteil als eine Art Widerstandskämpfer zu gerieren (was aber alles seinen Ruf kaum ankratzen konnte, jedenfalls seinerzeit).

Eine Überraschung ist allerdings, dass Corbusier ein großer Strandliebhaber war und sich von den organischen Formen des Strandguts, den abgeschliffenen Steinen, den Wellenbewegungen inspirieren ließ. So viel Weichheit hätte man dem Meister kantiger Fassaden kaum zugetraut. Er war sogar versierter Muschelsammler, außerdem diente ihm ein Krebspanzer, den er 1946 am Strand von Long Island gefunden hatte, als Vorbild für die Konstruktion der Wallfahrtskirche von Ronchamp mit ihrem sonderbar aufgeblasen wirkenden Dach, das vielfach kritisiert wurde. Doch Le Corbusier war, wie Autor Niklas Maak in seinem Buch »Der Architekt am Strand« erläutert, einfach fasziniert von der Haltbarkeit des Panzers, der nicht mal barst, als er sich mit seinem ganzen Körpergewicht daraufstellte.

Unter den lebenden Architekten ist einer der wohl heute berühmtesten der Dekonstruktivist Frank Gehry (Pritzker-Preisträger!), bei ihm ist die Beschäftigung mit dem Strand eine ganz andere – er selbst hat dort eine markante Spur hinterlassen, den »Fisch aus Gold« (»El Paix«) am Strand von Barceloneta, 35 Meter hoch, 54 Meter lang. Damit sollte die Strandpromenade anlässlich der Olympiade 1992 komplett neu definiert werden (drunter macht es Gehry nicht). Das Besondere an der Figur ist nicht nur die Fischform, sondern auch die Fischhaut mit der goldfarbenen Beschichtung, die sich in der Spiegelung des Lichtes ständig verändert und regelrecht lebendig zu sein scheint.

Es gibt aber noch ein bekanntes Kunstwerk am Strand von Barceloneta, jeder Stadtbesucher kennt es: »The Boxes« von Rebecca Horn wirkt wie ein kleines Hochhaus, das sich aus dem Sand reckt. An seinem Standort befanden sich früher malerische kleine Imbissstände, doch von ihnen wurde der Strand bei den Gentrifizierungsmaßnahmen vor den Spielen 92 leider gesäubert. Horns Skulptur, die mit eigentlichem Namen »The Wounded Star« (auf Katalan »L'Estel Ferit«) heißt, ist eine Hommage an die gewichenen Buden.

Das letzte Strand-Kunstwerk in unserem Kapitel verbindet Literatur mit bildender Kunst, und ein bisschen Magie ist auch dabei. Es handelt sich um die »Kleine Meerjungfrau« in Kopenhagen. Sie steht zwar nicht so richtig an einem Strand, sondern eher an der Uferpromenade nahe des Strandes – aber das muss auch gelten!

Die Statue wurde 1913 aufgestellt, der Bildhauer, der sie erschuf, hieß Edvard Eriksen. Modell für das Gesicht stand die Tänzerin Ellen Price, die jahrelang in einem gleichnamigen Ballett als kleine Meerjungfrau auftrat. So gesehen ist die Figur ein Produkt der bildenden Kunst. Sie ist aber auch eine Ehrung von Hans Christian Andersen als großem Dichter, und weil Meerjungfrauen magische Wesen sind, lässt sie uns an Fabeln und Sagen denken.

In Andersens Märchen verwandelt die kleine Meerjungfrau sich erst in einen Menschen und am Schluss in einen Luftgeist. Sie ist also ein Zwischenwesen, daher kann man sie auch als Symbol des Strandes betrachten, der nicht richtig Land ist, weil er von Wellen überspült wird, und auch nicht richtig Wasser und der nie gleich bleibt, sondern sich ständig verändert, als wäre Magie im Spiel...

Strandmode

Die alten Urlaubsfotos einer Freundin fielen unlängst ihrer 16-jährigen Tochter in die Hände. Große Empörung: Mama hatte eine ganze Schachtel mit Nacktfotos! Tatsächlich war die Freundin gar nicht nackt, sondern nur oben ohne, eine Weile war das früher normal. Wer sich damals »oben mit« am Strand blicken ließ, war entweder komisch oder aus den USA (da ging's damals strenger zu). In Deutschland war topless ab den frühen Achtzigern quasi überall erlaubt.

Rückwirkend kann man sagen, es war ein ökologisch nachhaltiger Trend. Weniger ist ja bekanntlich mehr, wenn es um die Umwelt geht. Badesachen sind aus Polyester und Lycra gewebt, sie nehmen kaum Wasser auf, trocknen schnell, dehnen sich gut – aber sie sind gefühlte tausend Jahre nicht abbaubar. In puncto Ökobilanz stehen sie auf einer Stufe mit dem Fischernetz.

Wer schon mal in einem Häkelbikini aus Baumwolle im Wasser war, weiß, dass Naturfaser das Problem auch nicht löst. Die Dinger trocknen nie und leiern aus. Das sind freilich Luxusprobleme im Vergleich zur Strand-mode des frühen 20. Jahrhunderts, als Badeanzüge sich bei Wasserkontakt in Meeresmonster verwandelten, von denen man in die Tiefe gezogen wurde (Sie erinnern sich). Das lag damals aber nicht nur am Material (Wolle und Baumwolle), sondern auch an der Fülle der Texti-lien, an den Schößchen, Rüschen und Puffärmelchen. All das im Wasser zu tragen sei, als hätte man sich zum Schwimmen eine ganze Wäscheleine mit Kleidern um-gehängt, schimpfte die australische Schwimmerin An-nette Kellerman. Anfang des 20. Jahrhunderts entwarf sie Swimwear, die ihren Namen verdiente. Damals war das ziemlich unerhört.

Für Kellerman, Jahrgang 1886, war Schwimmen nicht nur ein Freizeitspaß, es hatte sie gesund gemacht. Als Kind war sie behindert, konnte (wohl wegen einer Polio-Erkrankung) nur mit Schienen an den Beinen gehen. Dank des Trainings im Schwimmverein war von der Be-hinderung nichts mehr zu sehen, als sie 13 wurde, und mit 15 gewann sie ihre ersten Wettkämpfe. Sie war eine Berühmtheit ihrer Zeit, es gibt sogar einen Hollywood-film von 1952 über sie, der den deutschen Titel »Die gol-dene Nixe« trägt, mit Esther Williams in der Hauptrolle.

Die echte Kellerman wurde mit 19 bekannt durch den Versuch, den Ärmelkanal schwimmend zu durch-queren, was ihr allerdings nicht ganz gelang (aber sie schaffte es weiter als alle an dem Tag teilnehmenden Männer). Außerdem trat sie in Schwimmshows als Syn-chronschwimmerin auf. Dann wurde sie verhaftet, wegen Erregung öffentlichen Ärgernisses. Das war 1907 am Bostoner Revere Beach. Das Problem war ihr Einteiler.

Der war ein echter Skandal, denn er war geschnitten wie ein Herrenbadeanzug – Arme und Beine unbedeckt (ab Mitte der Oberschenkel). Vor dem Richter argumentierte sie dann allerdings, dass ein solches Schwimmkostüm lebensrettend wirke, weil man darin tatsächlich schwimmen lernen könne.

Die USA hatten erst vor Kurzem ihr eigenes Binz erlebt, beim Untergang des Schaufelraddampfers *General Slocum* 1904 in New York ertranken über tausend Menschen – überwiegend Kinder und Frauen. Nicht zuletzt deshalb fand Kellermans Sicherheitsargument vor dem Richter Gehör, und er sprach sie frei. Doch musste sie die Beine ihres Badeanzugs verlängern, und am Strand wurden die Schultern nun von einem Cape bedeckt.

Kellerman machte später als Stummfilmstar von sich reden und schrieb Filmgeschichte. Zum einen mit einer Nacktszene, der ersten in der Geschichte des Zelluloids. Und dann noch mit ihrer zweiten Erfindung nach dem Badeanzug: dem Meerjungfrauenkostüm. Man konnte sogar darin schwimmen, sie hatte es extra für eine Filmrolle genäht.

Wer Kinder oder Enkel hat, der denkt jetzt natürlich sofort an »H2O – Plötzlich Meerjungfrau«, die australische Kinderserie. Worum es dabei geht, muss man angesichts des Bände sprechenden Titels nicht groß erklären. Dank der Beliebtheit von »H20« gibt es seit einigen Jahren jedenfalls Nixenschwänze zu kaufen, ein echter Trend. Das Schwimmen mit Monoflosse hat sogar einen eigenen Namen, es wird »Mermaiding« genannt – aber kaum einer weiß heute noch, dass die erste menschliche Meerjungfrau Annette Kellerman hieß, die goldene Nixe aus Australien, lang, lang ist's her …

Kellerman war übrigens schon über fünfzig und trat nicht mehr in Filmen auf, da stellte 1935 das US-Chemie-unternehmen DuPont die erste synthetische Textilfaser vor, und bald darauf gab es Badeanzüge, wie wir sie heute kennen: dehnbar, bunt, schnell trocknend. Gut zehn Jahre später, 1946, wurde der Badeanzug schon in zwei Teile getrennt: Der Bikini war geboren! Nicht etwa kreiert von einem Modedesigner, sondern »erfunden« von dem französischen Maschinenbauingenieur Louis Réard. Namenspate für das knappe Badeoutfit war ein Atoll, das für Atomversuche bekannt war – das war damals (wegen Fortschrittsgläubigkeit) gar nicht negativ besetzt, im Gegenteil, wahrscheinlich fand man den Namen irgendwie »bombig«.

Vorführen ließ Réard den Bikini in einem Pariser Schwimmbad von einer Revuetänzerin (weil Models sich weigerten), und zur Präsentation sagte er folgenden, bemerkenswert sexistischen Satz: »Der Bikini ist so klein, dass er alles über die Trägerin enthüllt bis auf den Geburtsnamen ihrer Mutter!« Das wünschte sich damals offenbar niemand so recht, deswegen setzte sich der Zweiteiler erst in den 60er-Jahren durch – und seither quälen sich alljährlich Myriaden von Frauen mit dem Thema Bikinifigur.

Das Erreichen(-wollen) Letzterer hat einen ganzen Wirtschaftszweig hervorgebracht, die Abnehmindustrie mit ihren Pülverchen und Shakes und Diättipps, und Frauenzeitschriften seit Jahrzehnten maßgeblich beschäftigt, siehe Brigitte-Diät (die mittlerweile allerdings vorsichtig in Balance-Diät umgetauft wurde). Und dann kam 2007 Kim Kardashian ins Fernsehen und bewies, dass man auch mit sehr großem Po fantastisch aussehen kann (aber dass auch das mitunter einen hohen Aufwand – Fitness-center, Schönheitsjobs – mit sich bringt).

Währenddessen veränderte sich die Bademode rasant, in den Siebzigern saßen die Höschen besonders tief (siehe Ursula Andress, die im ersten Bond ikonisch im weißen Bikini als Muscheltaucherin aus dem Meer stieg). In den Achtzigern kam Neonfarbe an die Strände, in den frühen Neunzigern der hohe Beinausschnitt, etwas später das Push-up-Oberteil, und in den Nullerjahren waren Mikro-bikinis wie an der Copacabana modern. Der größte Skandal der Neuzeit war allerdings nicht der knappste, sondern der unknappste Badeanzug: der Burkini.

Es war im Jahr 2004, als die australische Designerin und Erfinderin Aheda Zanetti darauf kam, muslimischen Frauen einen Anzug zu schneidern, mit dem man ohne Fleischbeschau an den Strand gehen konnte – sogar mit eingenähtem Hijab. Sie sagt, es sei ihr um Teilhabe gegangen, Alltagsnormalität – Freiheit, Schwimmen, Bewegung am Strand. Doch der Empörungssturm war groß. Frauen-rechtlerinnen waren dagegen, weil muslimische Männer ganz einfach in normalen Badehosen baden dürfen. Tradi-tionalisten waren dagegen, weil der Burkini angeblich gegen unsere Sitten verstoße. Und mancherorts (Frank-reich/Belgien) wurde der Burkini gleich ganz verboten, von wegen säkulares Staatssystem.

Die hässlichsten Szenen spielten sich schließlich am Strand von Cannes ab, dort gingen Polizisten 2016 beson-ders aggressiv vor. Frauen, die im Burkiniverdacht stan-den (oder auch »einfach so« lange Baumwollkleidung trugen und eigentlich gar nicht baden wollten), wurden vor aller Augen und vor mehreren Polizeibeamten ge-zwungen, Kleidungsstücke auszuziehen, ein Riesenskandal. Eine Einigung gibt es allerdings bis heute nicht, und der Versuch, den Burkini doch zu erlauben, wie unlängst in Grenoble, wurde in Frankreich vom Obersten Gerichtshof gekippt.

Mittlerweile gibt es natürlich auch Badebekleidung für orthodoxe Jüdinnen, die ihren Körper am Strand verhüllen, es gibt kurze Badekleider für alle, die nur ein bisschen Bein (und nicht mehr) zeigen wollen, es gibt langärmelige Badeshirts aus UV-undurchlässigem Stoff und Badeshorts mit knielangem Bein. Die Auswahl richtet sich nach dem gewünschten Entblößungsgrad. Nur eins gibt es nicht: Normalität. Was man trägt, was man zeigt und was nicht, das bleibt ein Politikum.

Währenddessen verkauft sich der Burkini selbst besser denn je, angeblich auch bei Frauen, die gar keine Muslima sind, sondern einfach ihren Körper nicht offenbaren wollen. Männer allerdings greifen nie zum Burkini, weder aus religiösen Gründen noch aus ästhetischen. Sie gehen selbstbewusst mit dem *dad bud* um und denken sich nichts, selbst wenn der Bauch schon über den Badeslip hängt.

Apropos Badeslip: Parallel zur Verschmälerung der Damenbadebekleidung in den 60er-Jahren nahm natürlich auch die Größe der Herrenbadehosen ab, in den Siebzigern und frühen Achtzigern galten sogar Tangas als chic. Über freizügig präsentiertes Körperhaar machte man sich damals keinen Kopf, deswegen war der Anblick nicht immer unbedingt schön. Der Körperbehaarung sagten die Herren erst Anfang dieses Jahrhunderts den Kampf an, die unbehaarte Männerbrust war en vogue, einige ließen sich sogar die Beine enthaaren und den Rest in der Mitte sowieso, aber das war eher kein Trend,

der am Strand geboren wurde, sondern kam ursprünglich wohl aus der Pornofilm-Industrie.

Wobei – das Brazilian Waxing kommt natürlich schon
vom Strand, es geht dabei um Glättung der Bikinizone, für
die manche Menschen bereit sind nicht unerheblich zu
leiden. Dies hat eine eigene Berufssparte hervorgebracht,
die Depiladoras. Seit die Zähmung der Bikinizone sich
nicht mehr auf Bikinitragezeiten im Sommer beschränkt,
handelt es sich dabei sogar um einen Ganzjahresjob.

Aber zurück zur Herrenbadehose. Weil in der Mode
ein Extrem das nächste jagt, trug Mann nach der knappen Phase plötzlich ganz im Gegenteil Surfershorts –
groß, locker und vor allem lang bis zu den Knien (das
war dann auch wieder etwas zu viel des Guten). Derzeit
ist alles erlaubt – lang, kurz, eng, weit, blau/schwarz (die
Überzahl), aber auch bunt gemustert. Wobei die Muster
oft denen der Hawaiihemden entliehen sind: Hibiskus-
blüten, Surfer, Palmen.

Hawaiihemden sind ohnehin ein Thema für sich, auf
Hawaii selbst sind sie nämlich keineswegs nur reine
Strandbekleidung und Freizeitlook, sondern werden sogar bei Business-Meetings und Geschäftsabschlüssen getragen – sehr vernünftig in einem Gebiet, in dem die
Temperatur praktisch nie unter schwülwarme 25 Grad
sinkt. Vielleicht wäre das auch eine hübsche Idee für die
künftigen erderwärmten deutschen Sitzungsräume, die
den Einsatz von Klimaanlagen erübrigt ...

In Hawaii gehört die Lei, die Blumenkette, zum Hemd
wie bei uns die Krawatte zum Anzug, untenrum geht es
ebenfalls locker zu, und zwar mit Flipflops. Die bekanntesten der Welt heißen Havaianas, kommen verwirren-
derweise aber gar nicht aus Hawaii, sondern aus Brasilien.

Flipflops gehören zu den Kleidungsstücken, die es vom Beach in die Fußgängerzonen und Shoppingmalls dieser Welt geschafft haben, auch an Promifüße. Zumindest ist dieses Thema ein Dauerbrenner in der Saure-Gurken-Zeit im Hochsommer, wenn Bilder von Stars wie Gwyneth Paltrow oder Jennifer Lopez mit Zehentretern die Seiten füllen, weil sonst nicht viel passiert.

Die brasilianischen Hersteller der Havaianas behaupten, sie hätten die Schlappen erfunden, inspiriert seien sie von den japanischen Zori-Schuhen (welche allerdings aus Stoff und Stroh gefertigt sind und nicht aus Kautschuk oder Kunststoff wie die Zehentreter in Brasilien). Havaianas kamen 1962 auf den Markt, und zwar in Blau-Weiß − andere Farben wurden damals nicht hergestellt. Getragen wurden sie jahrelang hauptsächlich von der armen Arbeiterbevölkerung des Landes. Ende der Sechziger wurden die Gummilatschen dann plötzlich bunt, und ab den Neunzigern gab es sie quasi überall auf der Welt: in Strandläden, bei Sportausstattern und in Boutiquen. Bis heute kauft jeder dritte Brasilianer mindestes ein Paar Havaianas im Jahr.

Allerdings behaupten auch die Japaner, dass sie seit den 50er-Jahren Flipflops aus Kunststoff herstellen und weltweit vermarkten. Geschützt ist diese Form der Schuhe jedenfalls nicht, und tatsächlich gibt es sie schon viel, viel länger: Bereits die alten Ägypter kannten das Prinzip Zehenstegsandalen.

Ich persönlich tendiere dazu, den Japanern zu glauben, denn in vielen Ländern heißen die Flipflops Sayonares. Und *sayonara* ist das japanische Wort für »Auf Wiedersehen«. *Bye bye.* Der Name ist ein Marketinggag. Die Schlappen heißen so, weil man blitzschnell reinschlüpfen kann und schon – *bye bye* – davongeschlappt ist. So erklärte man mir das, als ich ein Kind war, in den Sommern, die ich bei der Familie in Griechenland verbrachte. Ich kann mich auch noch genau an meine ersten Sayonares erinnern, sie waren hellblau und hatten eine Margerite vorne am Zehensteg. Alle Sayonares für Mädchen hatten Margeriten oder Mohnblumen aus Kunststoff vorne drauf, wir Kinder liebten sie und trugen nichts anderes.

Hier in Deutschland wird immer betont, wie schlecht Flipflops für die Füße seien. Weil man darin nur schlecht Halt findet und man den Fuß verkrümmen muss, damit einem die Dinger beim Gehen nicht von den Füßen fallen. Ich kenne aber auch die südländische Meinung, dass gerade dieses Verkrümmen des Fußes gut sei, weil es ihn trainiere und sich Muskeln bildeten. Aber vielleicht redet man sich das in Ländern, in denen es monatelang so heiß ist, dass man nicht mehr als eine Sohle und zwei Riemchen am Fuß erträgt, auch nur ein.

Schädlich sind auf jeden Fall die Chemikalien (Weichmacher!), die diese Schlappen häufig ausdünsten, vor allem die ganz billigen. Besonders bedenklich ist dabei, dass ein großer Teil der Armen in heißen Ländern sich nichts anderes als solche billigen, krank machenden Latschen leisten und ein Leben lang nichts anderes tragen kann.

Bei Badelatschen denkt man in jüngerer Zeit nicht nur an Flipflops, sondern auch an »das Grauen«, wie ich die Dinger insgeheim nenne. Gemeint sind Crocs, diese absurd scheußlichen bunten Kunststofflatschen, die aus ästhetischen Gründen eigentlich verboten gehören, weil jeder darin aussieht wie ein Huftier aus einem schlechten (ganz schlechten) Comic. Praktisch sind sie natürlich. Sie wurden von einer US-Firma als Bootsschuhe aus dem geschäumten Kunststoff Croslite entwickelt, sind auch auf feuchten Böden relativ rutschfest, außerdem sind sie fußpilz- und generell in jeder Hinsicht abweisend. 2002 kamen sie auf den Markt, und ich kann mich noch gut erinnern, wie schockierend schnell sie die Strände, Bäder, Parks, Campingplätze, Supermärkte, Eisdielen und eigentlich jeden Ort überschwemmten. Es gibt aber eine Sache, die noch schlimmer ist als Crocs, und das sind Crocs mit Jibbitz – Jibbitz sind die »lustigen« Anstecker, die man in die Luftlöcher der Schuhe stecken kann.

Auch mit Crocs wurden ab und an Promis fotografiert, insbesondere Justin Bieber, der wohl ein Faible für die Leichtlatschen zu haben scheint. Das ließ er sich vor ein paar Jahren dann vergolden und ging eine Kooperation mit dem Label ein – sprich, er entwarf seine eigenen Crocs. Falls Sie es schaffen, es sich vorzustellen, ohne Brechreiz zu empfinden: Die Bieber-Crocs sind zitronengelb mit Bärchen-Jibbitz.

Weil *ugly shoes* als heiß gelten und Provokation in der Mode fast alles ist, brachte das Luxusunternehmen Balenciaga schließlich eigene Crocs-Designs heraus: offene Schlappen, Stiefel und Pumps, preislich ab 450 Euro. Der Musiker Questlove trug sogar Crocs (normale, nicht von Balenciaga) in Gold zum Abendanzug, als ihm die musikalische Leitung der Oscarverleihung oblag – aber das war 2021, dunkelste Corona-Homeoffice-Zeit, da zählte eh nichts außer Bequemlichkeit. Allerdings muss ich zugeben, dass ich selbst ein Paar Crocs besitze und sie bei Fußschmerzen zu Hause trage – als Ausgleich zu einer Kindheit in Blumen-Flipflops.

Aber nun ganz schnell weg von den Scheußlichkeiten, die der Strand in der Mode hervorgebracht hat, zu den schönen Dingen. Kehren wir also noch einmal zurück zu Coco Chanel, der allerersten Designerin, die tragbare Strandmode entworfen hat, damals in ihrem Laden in Deauville, als sie mit lockeren Matrosenblusen aus Seide den Damen Luft verschaffte.

Maritime Looks waren jedoch schon vorher beliebt – Matrosenanzüge waren jahrhundertelang die typische Kinderbekleidung für gute Anlässe, quasi der Sonntagsanzug, man kennt das von alten Bildern. Mitunter waren sie auch Teil der Schuluniform (skurrilerweise auch in Ungarn, als es gar keinen Meereszugang mehr hatte; das war dann wohl eher die Sehnsucht nach dem Meer ...).

Dass Matrosenanzüge aussehen, wie sie nun mal aussehen, nämlich versehen mit einem rechteckigen, besonders breiten Kragen, hatte einen ganz praktischen Grund: Früher trugen Matrosen stets einen Zopf, der war allerdings nicht mit einem Haargummi verschlossen wie heute, sondern mit Teer. Der Kragen, der anfangs aus Leder bestand, sollte die Kleidung vor Verschmutzung durch den Teer schützen.

Coco Chanel entdeckte Anfang des 20. Jahrhunderts nicht nur die Matrosenhemden für sich, sondern auch das Marinière, das Streifenhemd. Sie trug es zu weiten Herrenhosen – und alle machten es ihr nach! Noch Jahrzehnte später ließen sich Berühmtheiten wie Picasso, Audrey Hepburn oder Andy Warhol im Streifenhemd ablichten.

Das Original gehörte ab 1858 zur Grundausstattung für französische Matrosen, es besitzt immer exakt 21 Streifen vorne und 21 Streifen hinten – damit sollte Napoleon geehrt werden, der 21-mal gegen die Engländer gesiegt hatte. Vielleicht wählte man das Streifendesign aber auch, weil die Indigofarbe seinerzeit so teuer war – der Look war also lediglich eine Sparmaßnahme. Praktisch waren die Streifen in jedem Fall: Fiel mal ein Matrose ins Wasser, dann konnte man ihn damit leichter ausmachen und retten.

Später war es hauptsächlich Jean Paul Gaultier, der sich von dem Streifenlook zu unzähligen Outfits inspirieren ließ. Er selbst trägt meist das Original – und beendete jede seiner Shows in einem Marinière.

Doch auch wenn der Streifenlook als typisch französisch gilt – tatsächlich war er auch in anderen Ländern verbreitet. In Deutschland beispielsweise existierten blauweiße Fischerhemden, und in den USA gehören blaue Kleidungsstücke mit drei weißen Streifen am Rand zur Marineausstattung. Und annähernd überall waren außerdem die dazu passenden Admiralsjacken üblich – dunkelblaue Zweireiher mit Goldknöpfen. Die gehören selbstverständlich ebenfalls zum maritimen Look, seit Coco ihn von der See nach Paris (und vorn dort in die Welt) brachte, am besten kombiniert mit knallrotem Lippenstift, der das Blau und Weiß und Gold erst so richtig zum Leuchten bringt.

Es erscheint kaum denkbar, und ich kann mich selbst fast nicht mehr daran erinnern, aber bis vor 15 Jahren ist man als Frau einfach so in Shirt und Shorts an den Strand gegangen. Wollte man sich dort ein Eis holen, zog man sich einfach das T-Shirt über und ging los. Im Rahmen der Bedürfnisschaffung gibt es nun aber Extra-Strandkleidung: Tuniken.

Ich dachte immer, dass der Begriff »Tunika« irgendein exotisches Wort aus den Tropen sein muss, so wie »Pareo«, das Wickeltuch, das aus Tahiti stammt, oder der asiatische

»Sarong« (beide ebenfalls längst integriert in die Sparte Beach-Outfit). Doch Tuniken stammen aus Europa, und zwar aus dem alten Rom, das lateinische Wort bedeutet »Unterkleid« (aber auch schon die alten Griechen kannten Unterkleider, die bei ihnen den Namen »Chiton« trugen).

Die Tunika der Römer war locker geschnitten, meist ärmellos und – aus Wolle. Also das Gegenteil des Strandlooks, eher eine Art Wollunterhemd. Moderne Tuniken hingegen bestehen aus leichten, dünnen Stoffen. Sie besitzen keine Reißverschlüsse, nur selten Knöpfe und sind ohne enge Taille geschneidert, sodass man sie einfach über den Kopf ziehen kann. Vom Strand haben sie sich in den letzten paar Jahren flächendeckend ausgebreitet und werden als ganz normales Kleidungsstück genutzt – fast jedes Sommerkleid entspricht derzeit den Anforderungen einer Tunika. Theoretisch könnte man die Tunika also jederzeit schnell über den Kopf ziehen und sich ins Wasser stürzen – so sollte das im Sommer sein. Als wäre die ganze Welt ein Strand!

Modestrände

Nicht nur Strandsachen können in sein, auch Strände selbst haben ihre Hochzeiten – und können ebenso hoffnungslos aus der Mode geraten. Wobei das mitunter auch im Auge des Betrachters liegt. Der tolle Dünenstrand mit der Piraten-Beachbar beispielsweise, den man jahrelang besuchte, ist vielleicht mit Kleinkindern im Schlepptau viel zu laut.

Darum widmen wir uns nun den Fragen: Wer sitzt wo im Sand, wo sollte man sein Handtuch keinesfalls ausbreiten, wo treffen sich Familien – und wo betrachtet man ohne Kindergeschrei den Sonnenuntergang? Außerdem: Was ist angesagt, und was ist derart out, dass es schon wieder in ist? Damit kommen wir zur Typologie und meinem (subjektiven) Beach-Guide …

Verbliche Traumstrände

Der Sand, aus dem die Träume waren: Sanremo, Copacabana und Konsorten – schon die Namen klangen wie ein Versprechen. Doch leider haben auch Strände ein Verfallsdatum.

Beispiel Acapulco: In den 1930er-Jahren ein Traumziel, in den 1950-Jahren ein Massenziel (für US-Amerikaner), in den 1960er-Jahren Schauplatz eines Elvis-Films. Kritiken: miserabel. Dennoch hat der Film dazu beigetragen, die wichtigste Attraktion, La Quebrada, international bekannt zu machen: Der 29 Meter hohe Felsen ist berühmt für Klippenspringer-Events. Diese sollte man sich aber heute eher auf YouTube ansehen – von Reisen nach Acapulco wird abgeraten, es handelt sich, gemessen an der Mordrate, um eine der kriminellsten Städte der Welt. Mega-out!

Beispiel Rimini: Verglichen mit Acapulco liegt die Adria für uns nur um die Ecke. Rimini war aber dennoch früher das heiß begehrte Wirtschaftswunderparadies. Liegen und Schirme in Reih und Glied, Sand sauber gerecht, so gefiel das den deutschen Urlaubsveteranen aus Germania in den Sechzigern (und den Österreichern, die waren zudem näher dran). Viel mitbekommen vom Dolce Vita hat man damals noch nicht, erst allmählich wurden Spaghetti (»Pasta Schutta«, sagten die Deutschen seinerzeit) beliebt. Dass Fellini in der Stadt aufgewachsen war, dass Rimini 2000 Jahre alte Kulturstätten aufweist, dass es sich um den ersten italienischen Badeort handelt – all das interessierte lange niemanden von den Gästen am Tedeschi-Grill. Die Algenpest in den Achtzigern sorgte dann für enorme Einbußen, das Oma-Image ebenfalls. Ab den Neunzigern kam die Clubszene und brachte die Zeitenwende, Rimini war plötzlich wieder angesagt – wurde aber dann bald zur Feiermeile für Abiturienten (was andere eher abschreckt). Außerdem ist Rimini beliebt bei Russen. Zukunftsaussicht daher: ungewiss.

Campingstrände für Familys

Die Briten haben das Camping erfunden, von Anfang an war es ein Vergnügen für die ganze Familie: Als Gründer der Bewegung gilt der Schneider Thomas Hiram Holding, er reiste 1853 als Kind mit seinen Eltern in die USA und übernachtete mit ihnen unter freiem Himmel am Ufer des Mississippi, schrieb später ein Camping-Handbuch. Ziel des Zeltens war es, beim Reisen Geld zu sparen, aber nicht nur: Beim Campen ging es immer auch um die Liebe zur Natur. Und später auch um die Freikörperkultur.

In Kroatien: Wilde Buchten, Felsenklippen, wucherndes Grün – schon die Natur wirkt so schön unangepasst. Das entsprach dem Lebensgefühl der 1970er-Jahre. Koversada (und der gleichnamige Naturista-Campingplatz) war der Beach des Jahrzehnts, Nacktheit war hier Pflicht, Kleidung sogar verboten – nicht nur beim Baden, sondern auch im Supermarkt und im Restaurant. Später kam der Jugoslawienkrieg, und als der vorbei war, machten sich die Billigurlauber in Kroatien breit, weil hier alles günstiger war als in Italien. Ideal also für Großfamilien und Kleinverdiener. Die Nackten lieben Kroatien immer noch, die Angezogenen ebenfalls, und seit 15 Jahren wird es chic. Richtig edel sind die schönen Inseln weiter im

Süden (Brač, Hvar). Campingplätze gibt es hier aber nach wie vor.

In der Camargue: Auch hier war Nacktheit früher en vogue – nur dass die Franzosen es schafften, auch ohne Kleidung besser auszusehen als wir. Nach wie vor existieren aber auch »normale« Campingplätze, und die liegen hier besonders schön: Es gibt Wildpferde, Flamingos, Salzmarschen, Pinienwälder, zumindest im Naturschutzgebiet in der Nähe. Auf dem Campingplatz selbst ist es aber auch nicht anders als in Lido di Jesolo oder an der Costa Brava: Am Kinderpool herrscht Kreischalarm, am Strand Staugefahr, und im Minibungalow macht die Hausarbeit noch weniger Spaß als daheim, weil es meist keine Spülmaschine gibt. Dafür klingt der Ehestreit im Nachbarzelt nach Nouvelle Vague – zumindest, wenn man kein Französisch versteht.

Insta-Strände

Die Cala Saladeta ist ein Star, deswegen hat sie Bodyguards. Einen Body im eigentlichen Sinne hat sie aber nicht, sondern Sand, sie ist ja ein Strand. Dennoch wird sie gestalkt und muss vor Liebhabern geschützt werden, weil es zu viele sind. Sonst erstickt die Bucht auf Ibiza an der Liebe ihrer Fans.

Das Phänomen, dass manche Strände schöner sind, als es gut für sie ist, gibt es schon länger, seit Instagram hat es sich nur potenziert – um ein Tausendfaches: Wenn Influencer kommen und posten, dann kommen alle und posten. Und das trifft nicht nur die Cala Saladeta, sondern Hunderte andere Strände. Hier noch zwei davon:

Der Strand der Insel Elafonisi bei Kreta: Er ist ein beliebtes Knipsmotiv wegen seines rosafarbenen Sandes. 2500 Menschen zieht es täglich im Sommer hierher. Dabei ist die Insel ein Naturschutzgebiet. Das ist einerseits gut, andererseits problematisch, weil es hier kaum Infrastruktur gibt, sprich fehlende Strandklos et cetera. Was das bedeutet, muss man hier nicht ausführen …

Noch ein typischer Insta-Strand: der Rai Leh Beach in Krabi, Thailand – goldener Sand, markante Klippen und Höhlen. Allerdings haben in Wahrheit gar nicht die Influencer den Rai Leh Beach entdeckt, sondern US-Soldaten in den Siebzigern während des Vietnamkrieges – und er war schon in den Neunzigern oft überlaufen.

Zukunftsaussicht für die Insta-Strände: Hoffentlich sind sie bald out und können sich erholen. Dann allerdings werden längst andere Traumbuchten online gestellt. Wenn Sie eine entdecken – genießen, nicht posten!

Office-Strände für digitale Nomaden

Das Büro an den Strand zu verlegen ist eine geniale Idee, Lobeshymnen über diesen Lifestyle kann man überall nachlesen. Doch birgt das Nomadendasein Probleme, über die niemand spricht:

1) Hohe Prokrastinationsgefahr: Es ist schwer, sich zum Arbeiten zu motivieren, wenn man auch baden gehen kann. Außerdem: In einem Strandort trifft man Urlauber, Freunde von zu Hause kommen zu Besuch, sie alle haben frei (außer man selbst). Das macht es noch schwerer, nicht baden zu gehen.

Abends wird es dann spät, alle können ausschlafen (außer man selbst). Dann ist es noch viel schwerer, morgens nicht einfach baden zu gehen ...

2) Große Hitze: Manche Nomaden zieht es natürlich auch nach Dänemark, doch in der Regel suchen sie sich warme Orte aus, wo sie überwintern. Aber wenn es warm ist, dann kommt die Arbeit nicht voran. Am Ende sitzt man deshalb den ganzen Tag in einem abgeriegelten Raum in der Klimaanlagenluft, um etwas gebacken zu bekommen, oft auch abends, wenn man kaputt von der Arbeit ist. Da kann man auch daheim in Deutschland bleiben ...

3) Die Meerblick-Lüge: In Artikeln über digitale Nomaden sieht man schöne Menschen an Laptops draußen vor atemberaubender Kulisse tippen. In Wahrheit kann man an der frischen Luft tagsüber nicht arbeiten, egal, was man mit dem Bildschirm anstellt und wie man ihn einstellt – es ist und bleibt für die Augen unangenehm (finde zumindest ich – und viele andere auch).

4) Das Lack-ab-Problem: Der schönste Ort wird, wenn man dort arbeitet, einfach nur zum Arbeitsplatz. Der Lack ist ab, die Gewöhnung bringt Banalität, und man entzaubert sich die Welt.

Woher ich das alles wissen will? Ich hab's ausprobiert, in Kroatien und Griechenland, und es war nur so mittelschön (siehe oben). Das Konzept ist natürlich trotzdem super – für Menschen, die sehr diszipliniert sind. Die bekanntesten Orte mit eingespielter Infrastruktur (Yogastunden, Meditationskurse, schnelles Internet) sind Ubud auf Bali, das liegt zwar in der Inselmitte, aber auf Bali ist der nächste Strand ja nie weit; außerdem Koh Phangan in Thailand (und dort z. B. der Thong Sala Beach), Hội An in Vietnam, die Strandstadt Santa Teresa in Costa Rica oder Taghazout in Marokko. Und Rhodos, wo es immerhin auch 300 Sonnentage im Jahr gibt (und wo man mitten in Rhodos-Stadt u. a. sehr nett am Trampolino-Strand baden kann, meist das ganze Jahr).

Mittlerweile wirbt allerdings sogar die TUI mit speziellen Destinationen für digitale Nomaden, zum Beispiel auf den Kanaren oder den Malediven, deswegen ist die ganze Sache bei Trendsettern schon out, und sie bleiben zu Hause. Und genau das ist der Zeitpunkt, wo meist die breite Masse einsteigt und sich eine Strömung erst so richtig etabliert.

Backpacker-Exotikstrände

Schnorcheln am Great Barrier Reef, Tanzen in Goa, Chillen auf Bali – überall in der Welt traf man bis vor Kurzem die Generation 18+, die die Schule gerade hinter sich hatte und zum Studieren oder zum Arbeiten noch keine Lust. Also wurde gejobbt und dann verreist, oder man machte Work and Travel. In Coronazeiten aber kannte jeder jemanden, der 2020 im Ausland gestrandet war und wochenlang auf einen Rückflug aus Cancún/Sansibar/Punta del Este wartete, und das war nicht so schön, wie es klingt (und teuer).

Nun ist bei jungen Leuten eher Europa im Trend – und zwar bisherige Outsider-Ziele, die noch spannend und billig sind (und näher liegen): Albanien statt Spanien, Sofia statt Rom. Backpacker-Exotik in der Ferne ist momentan eher out.

Luxus-Exotikstrände

Urlaub am Traumstrand im teuren Resort auf den Malediven, den Seychellen, Barbados, Tobago, und das mehrfach im Jahr – nichts für Leute, die an Flugscham leiden. Zwar haben auch Gutverdiener Angst, irgendeine potenzielle neue Welle, ein Krieg, eine Katastrophe könnte ihnen die Rückkehr nach Hause abschneiden, aber sie können es sich besser leisten festzuhängen als die junge Klientel (siehe Backpacker-Exotikstrände), und deswegen waren sie auch als Erste wieder unterwegs. Und das Klimagewissen? Wird wegargumentiert: Wenn wir nicht kommen, können die armen Leute hier ja nichts verdienen. Tatsächlich profitieren von den Luxusresorts in der Regel nur die Luxusresorts selbst (Ketten), weniger die kleinen Angestellten. Deshalb: eher pfui als hui.

Elternzeit-Strände

Man kann sich nur wundern: Ein banaler Urlaub an der Algarve mit kleinen Kindern gibt heute locker einen mehrseitigen Artikel her, tausend Posts, einen Blog und ein Buch. Manchmal habe ich gar das Gefühl, die junge Generation denkt, sie habe das Leben (und das Reisen) überhaupt erst erfunden.

Dabei waren das doch wir, die heute Fünfzigjährigen!

Aber mal im Ernst: Natürlich ist das Ganze auch ein Luxusphänomen. Viele frischgebackene Eltern sind froh, wenn das Geld überhaupt reicht. Wahrscheinlich ist Reisen in der Elternzeit in Wahrheit sowieso die Ausnahme.

Allerdings wird die Doppelbelastung noch schlimm genug. Und deswegen würde ich niemandem den Strandurlaub in der Elternzeit ausreden, der Geld übrig hat und sich das leisten kann. Er hat Vorteile, das durchaus: Wenn man noch stillt, hat man keinen Stress mit dem Fläschchenkram. Kinder, die krabbeln (oder nicht mal das), können nicht davonlaufen und sich nicht mit Bärenkräften gegen das Einschmieren mit Sonnenmilch wehren. Darum: Genießen Sie die Zeit jetzt! So entspannt wird's wahrscheinlich lange nicht mehr sein.

Beliebte Ziele für Babypausen: Überall, wo es auch im Winter mild bleibt, zum Beispiel auf den Kanaren und in Portugal, lässt es sich mit Nachwuchs gut aushalten. Außerhalb Europas sind Costa Rica und Australien/Neuseeland beliebt wegen guter Infrastruktur. In Asien zieht Bali viele Elternzeitler an und natürlich Thailand (insbesondere die Insel Koh Lanta, die fest in der Hand von Kleinfamilien ist).

Kinderlosen-Strände

»Diskriminierung« war mein erster Gedanke, als ich von diesem Trend erfuhr (ist schon ein paar Jahre her). Das war, als ich auf Santorin ein hübsches Apartment für die Familie online buchen wollte und feststellen musste: Wir dürfen mit den Kindern da gar nicht rein!

Erst nach einer Weile kapierte ich, dass es sich bei der »Adult only«-Klientel keineswegs um Kinderhasser handeln muss und dass es dabei auch nicht um Jugendschutz geht, sondern um Erwachsenenschutz. Viele in den Erwachsenenhotels und -apartments (und an den Stränden) sind sogar selbst Eltern und wollen einfach mal ein paar Tage ein bisschen Ruhe haben. Tut keinem weh und ist total okay.

Kinderfreie Hotels gibt es mittlerweile fast überall auf der Welt, es existieren sogar spezielle Internetseiten, die einen Überblick verschaffen (etwa das deutschsprachige Portal www.urlaub-ohne-kinder.info). Wenn man sichergehen will, dass auch der Strand frei ist von Buddelzeug und Trotzanfällen, sollte man eine Unterkunft mit eigenem Hotelstrand buchen. Wer außerdem keine Lust auf Boombox-Beschallung und verirrte Beachvolleybälle im Gesicht hat (ist mir wirklich mal passiert), der sollte darauf achten, nicht nur kleinkindfrei, sondern auch teeniefrei zu buchen – für Gäste ab 18. Aber seien Sie gewarnt: Vor anderen potenziellen Störungen und Lärmquellen (Junggesellenabschiede, Motorboote, Menschen) sind Sie dadurch nicht gefeit.

Kunststrände

Teneriffa hat Strände mit schwarzem Sand, doch schüttet man gelben aus der Wüste drauf – anscheinend ist Schwarz gerade out. Auf Madeira sehnen sich die Urlauber wohl nach der Adria – drum gibt es dort nun zu den Klippen zwei Sandstrände dazu. Und in Dubai auf der Palm Jumeirah ist rein gar nichts echt – dabei gibt es nebenan an der Küste einen richtigen Strand.

Das ist so verdreht, man versteht es nicht mehr! Als würde man Kunstschnee herstellen, nur weil es in den Bergen mal nicht schneit. Aber huch, das passiert ja ebenfalls, obwohl es schlecht für das Klima ist. Die Welt ist eben verrückt! Wovon sich allerdings niemand von irgendetwas abhalten lässt.

Aber in der dunkelsten Januardepression, wenn der Graupel gegen das Fenster perlt, wäre auch ich gern in Dubai und fände sogar den Kunststrand von Tropical Island schön ...

Strand und Genuss (und Geld)

Manchmal frage ich mich, was die Menschheit eigentlich am Strand abends zum Sonnenuntergang getrunken hat, bevor der Aperol Spritz erfunden wurde. Aber ich erinnere mich leider einfach nicht mehr daran, alles steht im Schatten dieses orange glühenden Leuchtens im Glas, das höchstens noch vom Strahlen der untergehenden Abendsonne übertroffen wird, dieses aber oft sogar ersetzt: Spritz geht bei vielen ja auch statt Sonnenuntergang, manche gönnen sich die bittersüße Mixtur auch an Regentagen oder Winterabenden, in Bars, zu Hause, überall. Dahinter steckt, da bin ich ganz sicher, die Sehnsucht nach dem Süden, dem Sonnenuntergang am Strand, dem perfekten Moment, wenn die rote Kugel am Horizont versinkt – dem Sundowner-Gefühl!

»Sundowner« – erst seit ein paar Jahren kursiert dieser Begriff hier bei uns. Ganz früher sagte man wohl »Dämmerschoppen«, aber das klingt heute zu sehr nach dunkelholzvertäfeltem Kellerlokal, und da herrscht eher winterliche Dauerdepri-Stimmung. Den Sundowner dagegen genießt man am liebsten draußen an der frischen Luft, in fröhlicher Sommer(sehnsuchts)laune.

Im Fall des Aperols kommt der Sundowner aus dem Süden, aus Padua, wurde dann im Veneto mit Prosecco zum Spritz aufgeputscht und um das Jahr 2005 über den Gardasee nach München importiert – von wo aus er Deutschland und ganz Europa eroberte, in den letzten Jahren auch die USA.

Unlängst krittelte die *New York Times* allerdings, der Aperol Spritz sei optisch zwar durchaus instagramtauglich, geschmacklich aber zu zuckrig, billig aufgeschäumt mit Prosecco und verwässert von Eis. Im darauffolgenden Empörungssturm tat sich dann insbesondere das *New York Magazine* zur Ehrenrettung des beliebten Aperitifs hervor und pries ihn als die perfekte Mixtur für das gepflegte »Daydrinking« (noch so ein Begriff, den man vor fünf Jahren bei uns gar nicht kannte – was nicht bedeutet, dass man dem Daydrinking nicht auch schon davor nachging).

Der Preis für einen New Yorker Aperol Spritz – 18 Dollar – ist allerdings so ernüchternd, dass mir auch wieder einfällt, was sonst noch bei uns in Deutschland getrunken wird: Bier natürlich. Zum Beispiel Wegbier. Das eignet sich doch perfekt für einen Sundowner und funktioniert wie der Aperol Spritz auch ganz gut ohne Sonnenuntergang, etwa beim Strandspaziergang in Hamburg an der Außenalster (Astra!), in München entlang des Isarstrands (Augustiner!) oder auch am Rheinufer in Köln (Reissdorf Kölsch!). Daydrinking eben.

Eigentlich gab es Wegbier irgendwie schon immer, doch dass derart viele Menschen mit Bier in der Hand durch die Gegend schlendern, wie es heute üblich ist, ist eher neu – und Thema zahlreicher kulturpessimistischer Artikel.

Warum man sich nicht einfach mit einem Getränk irgendwo hinsetzt, sondern tatsächlich damit herumläuft, beruht meiner eigenen Theorie nach auf folgender Entwicklung: Der Trend zum mobilen Alkoholgenuss stammt aus der US-Fitnessbewegung (das ist mein voller Ernst!). Es war in den 1990er-Jahren, als es urplötzlich als unerlässlich galt, beim Joggen oder Walken mit einem Halbliter-Plastik-Wasserfläschchen in der Hand loszusporteln, wahrscheinlich weil die Fläschchen gerade erfunden und eifrig vermarktet wurden (sehr zuungunsten der Umwelt natürlich). Ich kann mich noch gut erinnern, wie die Sache zu uns nach Europa, man muss es so sagen: überschwappte. Damals machte ich mich oft lustig darüber, dass es die Leute nicht mal mehr eine halbe Stunde beim Joggen ohne einen Schluck Wasser aushielten.

Nach einer Weile trabte man dann nicht nur mit der Flasche zum Joggen, sondern überallhin, in die Fußgängerzone, ins Büro, zum Zahnarzttermin und natürlich – zum Strand. Das fiel zusammen mit der Verbreitung der ersten, damals unfassbar angesagten Coffeeshops wie Starbucks et cetera in Deutschland, die ihrerseits ihr Bestes gaben, die Umwelt mit Zusatzmüll zu bestücken, und eifrig To-go-Kaffee ausschenkten. Und wieder spottete ich, die Leute würden es wohl keine Minute mehr ohne Flüssigkeitszufuhr aushalten. Insgeheim fragte ich mich allerdings ein bisschen neidisch, wie alle es schafften, permanent Getränke in sich hineinzuschütten, ohne ständig – nun ja … Sie wissen schon.

Kaffeebecher werden nach wie vor draußen herumgetragen, das Wassertrinken unterwegs war den Hamburgern und Kölnern und Berlinern und Münchnern dann aber offensichtlich auf Dauer zu öde, und sie stiegen um auf Hopfensaft – und das Wegbier war plötzlich in wie nie.

An der Isar kann man oft beobachten, wie die Münchner ihr Augustiner, manchmal auch ein Tegernseer oder ein Giesinger, vom Kiosk oder vom Getränkemarkt an der Fraunhoferstraße – manche bringen ihr Bier auch im Rucksack von zu Hause mit – an den Spazierweg neben dem Flussstrand tragen und erst hier unten öffnen. Und dann flanieren sie los, mit einem versonnenen Lächeln im Gesicht. Und natürlich muss es dabei nicht immer ein Bier sein – ein Wegspezi tut es genauso.

Ich persönlich mache den Trend zum Wegbier allerdings nicht mit, weil ich beim Gehen lieber mit den Armen baumle. Außerdem: Im Winter wird mir die Hand mit der Flasche zu kalt, im Sommer das Getränk zu warm, und dann entsteht durch das Dauertrinken ja noch dieses andere Problem, das ich bereits andeutete …

Bei unseren südeuropäischen Nachbarn in Griechenland ist die Sundowner-Manie (außer in touristischen Gefilden) weniger verbreitet, weil die Griechen den Sonnenuntergang für Nachmittag halten. Folglich trifft man sich da zum Kaffee, auch wenn es schon 19 oder 20 Uhr ist. Am Strand selbst wird ebenfalls ständig Kaffee geschlürft, eigentlich wird in Griechenland überall und immer Kaffee getrunken, außer vielleicht nach 23 Uhr. Wenn man an bewirtschafteten Stränden mit Liegen auf die kleinen Tischchen an den Schirmen blickt, kann man deshalb sofort feststellen, wer von den Badegästen einheimisch ist, weil bei den Griechen neben dem Wasser immer auch ein oder mehrere Becher Kaffee stehen (meist Plastikbecher – wie leider überall). Fast immer handelt es sich um kalten Kaffee, was bei der Hitze ja nachvollziehbar ist. Früher war es der griechische Frappé, der aus Nescafé aufgeschäumt wurde und immens beliebt war, heute sind es eher irgendwelche Frappuccinos auf der Basis von italienischem Cappuccino oder Espresso. Es ist allerdings nicht so, dass die Griechen stets völlig aufgeputscht sind und grundsätzlich nie schlafen, jedenfalls nicht alle – es gibt ja auch koffeinfreien Kaffee.

Eines der bekanntesten Strandgetränke der Welt wird fast nie am Strand getrunken, sondern in Bars und auf Partys. Und wahrscheinlich auch ziemlich oft zu Hause: Tausende Menschen in Deutschland suchen monatlich bei Google nach dem Rezept für den Cocktail »Sex on the Beach«, und die sind sicherlich keine professionellen Barkeeper (sonst würden sie es ja bereits kennen). Der Drink steht auf Platz elf der weltweiten Cocktail-Beliebtheitsskala, zugeordnet ist er der Kategorie Highball. Wörtlich übersetzt bedeutet *highball* unter anderem »abdüsen« – aber dies nur am Rande.

Sicher erinnern Sie sich an das Phänomen Spring Break, von dem bereits die Rede war: Junge Leute in den USA geben sich in den Frühlingsferien systematisch am Strand die Kante. Und genau dabei soll der »Sex on the Beach« erfunden worden sein, und zwar in der wildesten Spring-Break-Stadt Fort Lauderdale. Es war im Jahr 1987, als der Hersteller eines neuen Pfirsichschnapses sein Produkt auf den Markt bringen wollte und dazu einen Preis auslobte: Die Bar, die am meisten davon verkaufte, sollte tausend Dollar erhalten, der Barkeeper mit dem höchsten Umsatz noch hundert Dollar obendrauf.

Dieses Trinkgeld kassierte ein Barkeeper namens Ted Pizio in der Confetti's Bar, der den Pfirsichschnaps zusammen mit Wodka, Orangensaft und Grenadine vermischte. Der gewagte Name, den er sich dafür ausdachte, macht sicherlich einen Großteil des Erfolgs aus – der Drink klingt verruchter als dem pappigen Pfirsicharoma-Mix angemessen wäre. Die alkoholfreie Version heißt übrigens »Safer Sex on the Beach«.

Noch eine Spirituose, die ohne Strand nicht denkbar wäre: Bacardi Rum. Kaum je wurde (karibisches) Beachfeeling derart perfekt zelebriert wie in den Werbekampagnen für diese Marke. Die Orte, an denen die Clips ab den 70er-Jahren mit entspannt feiernden Models inszeniert wurden, waren in der Folge regelrecht berühmt – beispielsweise die Insel Cayo Levantado in der Dominikanischen Republik mit ihren zuckerweißen Palmenstränden. Sie wird seither sogar Bacardi-Insel genannt.

In der Bacardi-Werbung werden die Cocktails oft direkt im Sand am romantisch menschenleeren Strand genippt – ein bisschen so, als wüchsen Longdrinkgläser und Eiswürfel an den Palmen. In der Realität trinkt man Strandcocktails eher in einer Beachbar, die gibt es ja praktischerweise quasi überall, auch in Binnenstädten. Stadtstrände und Binnen-Beachbars würden es natürlich kaum je in eine Bacardi-Werbung schaffen, können aber durchaus ein wenig urlaubshaftes Lebensgefühl transportieren.

Auf den Paris Plage wurde bereits eingangs hingewiesen, gute Stimmung und entspanntes Ambiente finden aber auch die Wiener an ihrem Donauufer vor. Der wohl etablierteste Treff ist dabei die Strandbar Herrmann, die neben der Gastro auch Yoga-Sessions und Konzerte bietet. Aus der beliebten Strandbar Tel Aviv Beach, betrieben von Haya Molcho und zum berühmten Neni am Naschmarkt gehörend, ist unlängst sogar eine feste Einrichtung entstanden; nun werden Molchos köstliche israelische und internationale Rezepte im Neni am Wasser durchgängig das ganze Jahr über angeboten.

Überhaupt haben die Österreicher mehr Strandlokale, als man annehmen könnte, natürlich wegen der Seen. Selbst die Gastronomie des Hotels Weisses Rössl am Wolfgangsee, besungen in der Operette von 1930, ist ja quasi ein Strandlokal, denn sie liegt direkt am Seeufer. Als allerschönster See in Österreich gilt aber, wegen seines karibisch blauen Wassers, der Attersee, die hübscheste Location dort nennt sich Das Bar (angehängt an das Restaurant Das Attersee) und ist im Boho-Stil mit viel Bast eingerichtet.

Das allerberühmteste Strandlokal liegt an einem Meeresstrand, am La Pampelonne nahe Saint-Tropez. Es heißt Le Club 55, denn es eröffnete im Jahr 1955 – und ist seither in Familienhand. Die Eltern des Betreibers Patrice de Colmont machten es seinerzeit auf Anfrage einer Filmcrew auf, die verköstigt werden wollte, unter den Filmleuten befand sich auch Brigitte Bardot, und bis heute wird das Lokal von Stars und Models besucht. Dabei handelt es sich um eine eher einfach eingerichtete Örtlichkeit mit weißen Holzstühlen und blauen Tischdecken. Nobel sind aber die Preise: Selbst die Pommes frites sind mit 13 Euro exorbitant teuer.

Als deutsche Entsprechung des Club 55 könnte man die Sansibar auf Sylt bezeichnen, auch sie wirkt relativ schlicht, ist aber seit Jahrzehnten hip, auch bei der (deutschen) Prominenz. Wirklich vergleichbar sind die beiden Lokale aber zugegebenermaßen nicht, was man auch schon an dem Beinamen der Sansibar erkennt, die manchmal als nördlichste Skihütte Deutschlands bezeichnet wird und einfach ein bisschen derber ist als das französische Beachlokal (und längst nicht so teuer).

Eine Sache passiert nahezu reflexhaft am Strand. Es geht dabei ums Essen, aber weniger um Kulinarik als um eine Art Urinstinkt: das Grillen.

Offenbar löst das Plätschern von Wellen ungestüme Gelüste nach Feuer, Glut und Fleischbrocken aus, und der innere Steinzeitmensch in uns fletscht umgehend die Zähne. Und wenn ich »uns« sage, dann meine ich uns, uns Deutsche, denn wir sind die Grillweltmeister und übertreffen dabei alle anderen Nationen. 75 Prozent der Deutschen geben an, dass sie gerne grillen, im Schnitt so um die 19 Mal pro Jahr. Jeder Flussstrand, jede Baggersee-wiese, jeder Ostsee-Campingplatz ist bei gutem Wetter spätestens am Nachmittag von Rauchschwaden umwa-bert, und nach wie vor sind es achtzig Prozent Männer, die an der Glut stehen, fast so, als wäre Testosteron uner-lässlich, um ein Schweinenackensteak zu wenden.

Das Konzept Feuer und Fleisch (bzw. Fisch) funktio-niert, seit der Mensch von den Bäumen kletterte und die Flammen zu beherrschen lernte. Doch warum besonders oft am Strand und weniger häufig auf Bergkuppen oder Waldlichtungen? Keiner kann das erklären. Vielleicht ein-fach nur, weil es beim Essen besonders schön ist, aufs Was-ser zu schauen. Jedenfalls wird die Grillwut nicht mal vom zunehmenden Vegetarismus ausgebremst – Würstchen aus Seitan und Tofu schmecken ja ebenfalls lecker.

Beim Grillen scheint es übrigens grundsätzlich keine Standesunterschiede zu geben – alle tun es, und zwar überall auf der Welt. Allerdings nicht zusammen, und es sieht auch nicht überall gleich aus. In den noblen Hamptons nahe New York beispielsweise handelt es sich bei den Gerätschaften, aus denen sich der Dampf des Grillguts in die jodhaltige Luft mischt, um Gasgrills, die die Ausmaße eines Mittelklassewagens besitzen. Mit dem rudimentären Equipment, das die geschätzten zwanzig Millionen armen US-Amerikaner in den Trailerparks des Landes an irgendwelchen Lake Sowiesos benutzen, haben sie so gut wie nichts gemein …

Der Begriff »Barbecue« ist übrigens nicht die konkrete Übersetzung des Wortes »grillen«, auch wenn er oft so verwendet wird (selbst in den USA). Beim Original-Barbecue wird das Grillgut nämlich im Sand oder Kiesbett in der Glut vergraben und viele Stunden sanft gegart. Was dabei rauskommt, ist zum Beispiel das berühmte Pulled Pork.

Auch in Osteuropa grillt man oft einfach so ohne Grill – dazu muss man ein Loch in den Sand buddeln, ein paar Steine drum herum auftürmen und einen Rost auflegen, und schon kann es losgehen. Sehr beliebt sind Fleischspieße – Schaschlik. Das Wort stammt sogar aus Osteuropa, genauer gesagt aus dem Kaukasus. In den meisten osteuropäischen Ländern wird das Fleisch vor dem Auflegen mariniert, in Russland isst man es eher pur. Russland ist auch bekannt dafür, dass zu jeder Jahreszeit am Strand gegrillt wird, auch bei größter Kälte. Aber dort scheint man sich von Kälte ja ohnehin nie von irgendetwas abhalten zu lassen, zum Beispiel genießt man auch gern bei Minusgraden Speiseeis – was andere Nationen schwerpunktmäßig auf die milderen Jahreszeiten beschränken.

Grillmuffel sind die Engländer, die diese Tätigkeit nur halb so oft ausüben wie wir Deutschen. Es ist aber nicht so, dass sie ungern an der frischen Luft essen würden, im Gegenteil, sie gehören ja zu den größten Picknickfans. Schon Königin Viktoria liebte Picknicks. Es gibt sogar eine National Picnic Week jeden Juni, während der die besten Picknickstrände des Jahres gekürt werden, die oft in Sussex oder im schönen Cornwall liegen.

In England speist man im Sand gern auf stilechten karierten Decken Leckereien aus echten Picknickkörben – so viel Klischee muss sein. Inhalt sind die typisch britischen Scones, Scotch Eggs (hart gekochte Eier in Hack, die dann auch noch frittiert werden – kennt man bei uns gar nicht!) oder etwa Sandwiches mit Coronation Chicken, einem Hühnersalat, dessen Rezept zur Krönung der unlängst verstorbenen Elisabeth vor siebzig Jahren erfunden wurde und das für unseren Geschmack unverkennbar britisch schmeckt, denn klassischerweise sind Mango-Chutney und Sultaninen enthalten – zum Huhn nicht unbedingt jedermanns Sache.

Erfunden haben die Briten das Picknick aber nicht, wahrscheinlich gab es das schon immer, und sicherlich war vor Millionen von Jahren jede Mahlzeit ein Picknick, ganz einfach, weil es noch keine Esszimmer gab. Überliefert aber ist das Picknick spätestens seit der Antike. Den Begriff »pique-nique« (Kleinigkeiten picken) lieferten aber die Franzosen, und zwar vor etwa 500 Jahren. Ebenso wie die Briten nehmen die Franzosen bei Picknicks Dinge zu sich, die sie auch sonst gern mögen – das erstaunt wenig. In ihrem Fall sind es also Baguette, Käse, Wein …

Ansonsten wäre bei den Franzosen aber hervorzuheben, dass sie in der Bretagne und der Normandie in Strandnähe besonders viel Fisch und Meeresfrüchte verspeisen. Man möchte meinen, das sei überall so am Meer, tatsächlich kann man die in Frankreich verzehrten Mengen aber nicht im Geringsten mit den am Mittelmeer verspeisten vergleichen, wo in manchen Regionen Schnorchler allenfalls in Ausnahmefällen mal ein leibhaftiges Fischlein vor die staunenden Augen kriegen, Fischfarmen erschreckend überhandnehmen und gefühlt achtzig Prozent der frittierten Calamari in den Restaurants tiefgefroren importiert werden müssen (von weiß Gott woher). Und wo die Preise für frischen Fisch angesichts des erheblichen Mangels exorbitant ausfallen.

In der Bretagne dagegen speist man in Brasserien mit direktem Blick auf üppige Austernbänke, die die Ebbe freilegt, und lädt sich Krustentiere, Seeschnecken und diverses anderes Meeresgetier auf, bis sich die Tische biegen. (Nun gut, ganz günstig ist das zugegebenermaßen auch nicht.)

Besonders schön finde ich, dass schon die Kinder mitgenießen. Ein Kindermenü besteht dort, anders als hierzulande, nicht zwingend aus einem fettpanierten Schnitzel Pumuckl mit Pommes und Apfelsaft aus dem Minitetrapak, sondern es handelt sich oft um eine kleinere Portion von Speisen, die auch die Erwachsenen zu sich nehmen – beispielsweise Miesmuscheln. Ob man es allerdings überhaupt noch gutheißen kann, Fisch zu essen? Ich selbst bin »eigentlich« Vegetarierin, esse aber auf Reisen manchmal gerne Fisch, und ich hoffe, dass das in Maßen okay ist.

Das Gute an Holland ist (neben vielen anderen Dingen), dass man eine köstliche und landestypische Leckerei auch am Strand bekommt: Pfannkuchen, *pannenkoeken*. In den *pannenkoekenhuizen* gibt es sie in sämtlichen Variationen, etwa mit Eis, aber auch herzhaft mit Salami et cetera.

Die holländischen Nordseestrände sind für mich sowieso etwas Besonderes, ich liebe es, hier Urlaub zu machen. Es geht schon damit los, dass man überall Fahrräder mieten und damit an den Strand fahren kann. Man radelt also zu den Dünen, und wenn man nahe genug dran ist, hört man schon das herrliche Rauschen der See. Hat man dann das Rad abgestellt, den windgeschützten warmen Weg durch die Dünen passiert und kommt auf der anderen Seite raus, dann haut einen die Aussicht jedes Mal fast um – mir geht es jedenfalls so angesichts der majestätischen, wilden Nordsee. Nordsee ist für mich irgendwie immer Meer hoch zwei – selbst der Geruch der Meeresluft ist intensiver als anderswo.

Hat man dann einen langen Strandspaziergang gemacht oder sich sogar ins kalte Wasser gestürzt (das Wasser ist hier immer kalt), dann kann man sich mit diesen wunderbaren *pannenkoeken* belohnen, die es direkt am Strand in Cafés auf hohen Holzmolen gibt, und dabei zusehen, wie die See ihre Farbe verändert – einfach wunderbar!

Ein Land liebe ich noch mehr, und ich meine diesmal nicht Griechenland (das liebe ich natürlich auch), sondern Italien. Die italienischen Strände sind mit die besten der Welt, einfach weil sie in Italien liegen, wo eigentlich fast alles toll ist (zumindest aus touristischer Warte, Politik ist ein anderes Thema). Jedenfalls: die Sprache, die Kirchen, die Aperitifs, die Süßspeisen, die Mode, das Essen – alles großartig!

Allerdings wüsste ich nicht zu sagen, was die Italiener gerne am Strand essen. Meiner Meinung nach gehen sie mittags einfach in eine Trattoria. Ich las aber, dass sie angeblich auch direkt am Strand Pasta zu sich nehmen, dort sogar welche zubereiten, im Sand, mit mitgebrachten Gaskochern, doch das kommt mir eher vor wie aus einem Fellini-Film und nicht wie die Realität. Aber natürlich war ich nicht an jedem einzelnen italienischen Strand, um nachzusehen.

Versucht habe ich's allerdings. Ich wollte so viel wie möglich von dem Land erleben und war jahrelang regelrecht davon besessen. Ich fand Italien besonders spannend, weil meine Eltern mit uns nie dorthin gefahren sind, denn es erschien meinem Vater als spießiges Reiseziel, und zwar ohne dass er es wirklich kannte. Sondern einfach nur, weil früher jeder hinfuhr, das schreckte ihn ab.

Meine erste Reise ohne Eltern ging dann mit Freundinnen an den Gardasee, es ergab sich so. Im Zug nach Verona blieben wir irgendwo verspätet an einem kleinen Bahnhof stehen, und ich blickte aus dem offenen Fenster und hörte atemlos der Ansage zu, dieser Sprache, so schön, dass es kaum zu fassen war! Prompt war ich schockverliebt in alles Italienische: die schönen Gebäude, die Menschen und wie geschmackvoll sie gekleidet waren, die tollen Lancias und Cinquecentos und Alfas auf den Straßen. Und erst das Essen! Wie konnten selbst stinknormale Spaghetti mit Tomatensoße so schmecken, und warum hatte mir niemand vorher verraten, dass das alles überhaupt möglich war?

In den darauffolgenden Jahren durchkämmte ich die Emilia-Romagna, besuchte fast jedes herrliche Dörfchen in Umbrien und den Marken, schipperte nach Elba, Sizilien, Sardinien, Capri, Stromboli, natürlich war ich in Venedig, Florenz, Rom, Neapel, Mailand, eigentlich allen größeren Städten. In der Toskana! Dem Friaul! Manchmal ging es einfach nur für ein Winterwochenende über den Brenner nach Verona oder nach Garda, weil es dort noch oder schon wärmer war und man Latte macchiato draußen trinken konnte, mit Sonne im Gesicht.

Ich kenne die Italiener auch gut genug, um zu wissen, dass sie gern an sonnigen Wintertagen an den Strand fahren, mit Oma, Kindern, Tanten im Fond – aber dann gar nicht unbedingt aus dem Auto aussteigen, sondern den Blick vom Fenster aus genießen; dass viele zwischen Anfang Oktober und Ende April in Wintermänteln (und sogar Pelzen) unterwegs sind, auch wenn es schon 18 oder 20 Grad hat (das tun alle Südländer); dass sie (im Sommer natürlich) beim Schwimmen oft ganz anders kraulen als wir, nämlich mit dem Kopf über Wasser (ebenfalls eine allgemein südländische Angewohnheit), und dass sie dabei laut prusten; dass sie niemals Parmesan auf Nudeln mit Fisch oder Muscheln streuen, weil das einem Frevel gleichkommt; dass sie Statussymbole und teure Marken lieben und sich gern zurechtmachen. All das weiß ich, doch dass sie Pasta am Strand kochen würden, habe ich nie gesehen.

Allenfalls beißen sie in mitgebrachte Panini oder holen Reissalat aus der Tupperdose. Mit dem verhält es sich genauso wie mit den Spaghetti al Pomodoro: Er schmeckt viel besser als bei uns. Hinein kommen Oliven, Thunfisch, Tomaten, Gurken, Kapern, Eier und »Wurstel« – und was man sonst so an leckeren Resten gerade zu Hause hat. Italiener gehören übrigens zu den europäischen Nachbarn, die angesichts erhöhter Energiekosten kürzlich angaben, dass Essen das Letzte wäre, woran sie sparen würden. In

Deutschland spart man immer zuallererst am Essen, und ich finde, das sagt einiges aus.

Natürlich wird auch in Italien manchmal am Strand gegrillt, Lagerfeuer gemacht, gepicknickt und so weiter, und zwar traditionellerweise besonders oft an den Tagen rund um *Ferragosto*, den 15. August, wo man den Strandbesuch gern in den Abend verlängert und es nachts Feuerwerk gibt, das am Meer oder See betrachtet wird. Vom 13. bis 15. August feierte nämlich einst Kaiser Augustus seinen Sieg über das Ägyptische Reich und gab seinen Bürgern und auch den Sklaven dazu frei, deshalb hieß diese Zeit (ursprünglich) *Feriae Augusti* – Augustus' Feiertag. Später legte die Kirche Mariä Himmelfahrt auf dieses Datum, aber noch heute wünschen sich die Italiener *Buon Ferragosto* und begehen den Tag am Strand (und ein paar auch am Berg), und zwar alle auf einmal – nur wenige befinden sich an diesem Datum zu Hause in der Stadt, *tutti* fahren genau jetzt in den Urlaub und nicht vorher oder nachher. Dementsprechend ist es rappelvoll. Das stört allerdings kaum jemanden, zumindest nicht die Italiener.

Es ist nicht so, dass Italiener ruhige, ursprüngliche Strände nicht schön finden würden. Sie beschweren sich meist allerdings auch nicht groß, wenn das Gegenteil der Fall ist und sie inmitten von Menschen sitzen (und das gilt meiner Meinung nach für alle Südländer). Einmal im Jahr gehört es für sie einfach dazu, sich mit allen anderen zusammen an der *spiaggia* zu tummeln, mit Freunden, Fremden und Familie. Auch wenn das heißt, die Restaurantplätze für den Abend auf mehrere Tage im Voraus reservieren zu müssen und mit den Kindern für die *gelati* in einer endlos langen Schlange anzustehen. Doch der

Strand ist nun der Nabel der Welt, da will man dabei sein, und das wäre nicht der Fall, wenn man den Jahresurlaub in den Juli legte (was ansonsten kaum ein Problem wäre, auch nicht für Familien, die Schulsommerferien gehen ja schon Ende Juni los).

Auch andere Nationen fahren überwiegend Mitte August ans Meer, die Spanier, die Griechen, die Franzosen. In Italien allerdings ballen sie sich nun besonders extrem, da bekommt der Begriff »Strandleben« noch eine ganz andere Dimension.

Dabei stehen nicht für alle Erholung und Spaß im Vordergrund. Für viele geht es darum, vom Strand zu leben. Oder wenigstens zu überleben. Der Strand ernährt unzählige Menschen, direkt und indirekt. An unterster Stelle stehen, das muss man leider so sagen, die Strandverkäufer.

Bleiben wir noch ein wenig in Italien. Tradition haben hier insbesondere die Kokosnusshändler, ihr Ruf »Coco Bello!« ist quasi der Soundtrack eines italienischen Strandbadetages. Es ist ein fröhlich klingender Ruf, tatsächlich können die Verkäufer einem aber leidtun ob der schweren Last bestehend aus zwei Eimern mit (zum Teil) in Wasser gelagerten Waren. Verglichen mit dem, was manch andere Händler herumschleppen, ist das allerdings noch gar nichts: Strandtücher, Hüte, Tausende von Schmuckbändchen, Ketten oder Sonnenbrillen an sperrigen tragbaren Verkaufsflächen, außerdem Taschen, Uhren, Krimskrams. Dann gibt es noch die Leute, die keine Waren, sondern Dienstleistungen verkaufen: Massagen, Flechtfrisuren, Fake-Tattoos und vieles mehr. Aber auch die haben es nicht leicht und laufen Stunde um Stunde durch den glühenden Sand auf Kundenakquise.

Um die hundert, manchmal sogar 150 Euro Umsatz machen die Händler angeblich an guten Tagen, allerdings ist fraglich, wie hoch ihre Gewinnmargen sind (sprich wie teuer sie ihre Waren vom Zwischenhändler abnehmen müssen). Ebenso, wie viel sie vom Verdienten abgeben müssen. Angeblich knöpfen rücksichtslose Hintermänner – Migranten, wie die meisten Händler selbst – den Verkäufern den größten Teil des Umsatzes ab. Andere Stimmen behaupten, die Gewinne blieben in italienischer Hand – und die gehöre in dem Fall der Mafia. Man kann also davon ausgehen, dass die Strandhändler grundsätzlich ausgebeutet werden und dass niemand sie unterstützt, wenn sie am Strand ohne Gewinn unterwegs sind. Ob das nun an einer Schlechtwetterfront, einer touristischen Flaute oder einer Pandemie liegt, bleibt sich dabei gleich.

Viele unter ihnen besitzen keinen sicheren Aufenthaltsstatus. Da sie außerdem in der Regel weder Steuern noch Sozialabgaben abführen, schoss sich seinerzeit die Salvini-Regierung auf die Händler ein und investierte in ein Programm namens »Spiagge Sicure«. Vordergründig geht es bei »Sichere Strände« um die Bekämpfung von Produktpiraterie. Kommunen in Küstenregionen konnten sich dafür bewerben. Im Jahr 2020 nahmen 150 von ihnen teil. Knapp fünf Millionen Euro wurden für Maßnahmen ausgeschüttet, den Strandhändlern das Leben noch schwerer zu machen, als es ohnehin bereits ist.

Die meisten Kunden am Strand kaufen hauptsächlich aus Mitleid bei den fliegenden Händlern – oder stecken den Leuten einfach so ein paar Münzen zu, damit das Geld direkt bei ihnen ankommt. Aber das wird kritisiert, weil man dadurch die mafiösen Strukturen unterstützt. Es ist also so ähnlich wie bei den osteuropäischen Bettlern, die seit Jahren bei uns die Großstädte überfluten. Auch in ihrem Fall wird gestritten, ob man ihnen die Almosen grundsätzlich verweigern sollte, um die mafiösen Strukturen auszuhungern, oder doch ein paar Münzen geben sollte, da sie ja aus jeder Warte die Verlierer sind, weil sie da draußen ausharren und für alles ihren Kopf hinhalten müssen.

Selbstredend gibt es das Problem mit den Strandhändlern nicht nur in Italien, sondern europaweit. Außerhalb dieser Grenzen ist die Sachlage mitunter aber eine ganz andere: In Thailand zum Beispiel oder an Stränden in Mexiko handelt es sich bei den Strandhändlern, die zum Beispiel oft Essen – gegrillte Hühnchenspieße, Maiskolben oder geschnittene Ananas – verkaufen, um Einheimische, die sich etwas dazuverdienen wollen und die man durchaus unterstützen kann, ohne vorher alles Mögliche abwägen zu müssen.

Natürlich sind Strandhändler nur kleine Fische, die hinter den Krümeln herjagen, die vom Tourismuskuchen abfallen. Und der ist gigantisch: Im Jahr 2018 etwa gab es 1,3 Milliarden Touristen weltweit, die bei ihren Reisen insgesamt atemberaubende 1,12 Billionen Euro ausgaben. Die Zahl beinhaltet auch Wintersportreisen und Städtetrips, doch der größte Batzen fiel den Strandzielen zu. Weltweit sind es 67 Prozent aller Urlauber, die sich jedes Jahr für Ferien am Wasser entscheiden.

Wie viel Geld die Urlauber dabei an einem Strandtag ausgeben – für Liegen, Eis, Getränke, Snacks, Souvenirs ... –, hängt vom Reiseziel ab. Am billigsten kommt der Tag am Cua Dai Beach in der Stadt Hội An in Vietnam (12,43 Euro). Den teuersten Strand hätte ich in der

Karibik in St. Barth oder auf den Seychellen verortet, aber tatsächlich ist es der Strand von Kristiansand in West-Agder in Norwegen (60,95 Euro).

Insgesamt werden mit Strandurlauben um die 750 Milliarden Euro pro Jahr verdient – so viel Geld! Für wen wohl der Bärenanteil abfällt? Da ist die Antwort recht eindeutig, das meiste geht an die Airlines. Das lässt sich folgendermaßen aufschlüsseln:

Die Fluglinien haben einen jährlichen weltweiten Umsatz von 838 Milliarden US-Dollar. Abzüglich der Geschäftsreisen, die aber nur 15 Prozent ausmachen, wären das 712 Milliarden für Privatreisen. Wenn man darauf nun unseren prozentualen Anteil von 67 Prozent für Strandreisen anwendet, dann ergibt sich ein Umsatz von 477 Milliarden US-Dollar.

Natürlich ist das hier nur Pi mal Daumen gerechnet – es sind ja auch nicht alle Privatreisen touristische Reisen. Wenn man beispielsweise die Oma in einer anderen Stadt besucht, handelt es sich einfach um einen Verwandtenbesuch, aber vielleicht lebt die Oma ja in einer Stadt am Strand? In jedem Fall erwirtschaften die Fluglinien mit der Sehnsucht nach dem Strand eine Menge Geld, mehr als das: Wenn Strandurlaube plötzlich »out« wären, könnten sie kaum noch oder nur sehr eingeschränkt existieren.

Das mit Abstand beliebteste Urlaubsland ist Frankreich, das jährlich von neunzig Millionen Touristen besucht wird. In dem Fall allerdings haben die Airlines nicht so viel davon wie bei anderen Destinationen, denn der Großteil reist nach Paris, und die meisten Parisbesucher stammen aus Europa und kommen auf dem Landweg. Wie viele von ihnen den Städtetrip mit einem Strandurlaub, sagen wir in Deauville, kombinieren, weiß ich schlichtweg nicht. Aber auch in Paris selbst kann ja, wie eingangs erwähnt, ein klein wenig Strandfeeling aufkommen, zumindest in den Sommermonaten, wenn der Paris Plage geöffnet ist und die Gäste sich dort in Strandstühlen von den anstrengenden Besichtigungen erholen können …

Aber weiter in unserer Auflistung der höchsten Reiseumsätze: Gleich nach den Airlines kommen die Reiseveranstalter, die weltweit 640 Milliarden Euro im Jahr umsetzen (428 Milliarden mit Strandreisen – zumindest nach unserem 67-Prozent-Schlüssel). In Deutschland lagen die Gesamtumsätze 2021 bei 10,7 Milliarden, dies war aber ein coronabedingter Negativrekord. Im Vor-Corona-Jahr 2019 setzten deutsche Reiseveranstalter insgesamt 35,5 Milliarden Euro um. Der Anteil der Strandreisen dürfte daher um die 24 Milliarden gelegen haben.

Tatsächlich hat der Tourismus insgesamt aber noch viel mehr Geld erwirtschaftet. In Deutschland sind es jährlich rund 128 Milliarden Euro, da sind beispielsweise die Einkünfte der Gaststätten mit einberechnet. Tourismus ist allerdings hier bei uns längst nicht die wichtigste Branche, ebenso wenig in Frankreich. Für manche Länder, wie das kleine Kroatien mit seiner 1777 Kilometer langen Küstenlinie, ist der Tourismus jedoch der Hauptwirtschaftszweig. Das bedeutet aber nicht zwingend, dass die Einkünfte auch im eigenen Land bleiben – oft verdienen ausländische Unternehmen den größten Teil.

Besonders deutlich zeigte sich das in der spanischen Tourismusgeschichte. Natürlich haben zwar auch spanische Unternehmer hier hohe Einnahmen einfahren können, allerdings nur unter anderen. Ein gutes Beispiel ist das Thema Grundbesitz. Vor Beginn des Tourismuszeitalters lag der selbstredend in spanischer Hand. Als es dann losging mit den Gästen aus dem Norden, machten in der Tat so einige Spanier ihr Glück. Eine Maklerin auf Mallorca erläuterte mir einmal vor ein paar Jahren, dass es oft die jüngsten Brüder landwirtschaftlich ausgerichteter Familien waren, die auf der Baleareninsel die unfruchtbaren und fast wertlosen Grundstücke an den Küsten und Stränden erbten – und dann plötzlich als die großen Gewinner mit dem wertvollsten Land dastanden.

Oft allerdings gaben die Einheimischen ihre Ländereien (zu) billig ab. Andere hatten keine Mittel, um in touristische Zwecke zu investieren. Das größte Geschäft machten daher zunächst ausländische Investoren – unter anderem aus Deutschland. Schon 1973, dem Jahr, als erstmals ebenso viele Touristen Spanien besuchten, wie damals Menschen in dem Land lebten, nämlich 34 Millionen, konstatierte der *Spiegel,* dass die Spanier selbst am Tourismusboom weniger profitierten, als anzunehmen gewesen wäre.

Zwar hatte sich das Bruttosozialprodukt dadurch maßgeblich erhöht, doch floss in vielen Regionen der Großteil der Einnahmen nach außen ab, »entweder in Form von Zahlungen für die notwendigen Importe (beispielsweise Lebensmittel, die nicht mehr angebaut wurden, weil die landwirtschaftliche Struktur wegen des Tourismus wegfiel) oder als Gewinne, Zinsen oder Dividenden für das in der Region investierte Fremdkapital«.

Und auch später war der Tourismus nicht immer für alle die Lösung, beispielsweise berichtete der *Tagesspiegel,* wie spanische Arbeitnehmer und Uniabsolventen trotz Tourismusboom noch 2016 (zehn Jahre nach der spanischen Finanz- und Immobilienkrise) oftmals nur schwer über die Runden kamen und als Kellner und Hilfspersonal tätig werden mussten – eingestellt mit Minijobverträgen, zu Minigehältern und ohne soziale Absicherung. Die entsprechenden Verträge werden im Land *contratos basura* genannt, Müllverträge.

Und dann gibt es auch noch das Airbnb-Problem, das Barcelona (und Amsterdam und viele andere Städte) in eine gigantische Touristenzone verwandelt, in der die Einheimischen kaum überleben können. Dabei möchte man meinen, dass eine Stadt wie Barcelona von den circa 8,4 Millionen Gästen, die sie jährlich im Schnitt besuchen, profitiert, doch gleichzeitig findet eine Art Kannibalisierungseffekt statt: Die Einwohner finden kaum noch bezahlbaren Wohnraum und weichen notgedrungen in die Vororte aus, werden also von den Touristen quasi weggebissen.

Typische Viertel, Plätze und Straßen wie La Rambla werden zudem fast überwiegend von Fremden frequentiert, sie und ihre Dienstleister – etwa Café- und Restaurantbesitzer – sind hier unter sich. Insgesamt drohen die Mega-Airbnb-Ziele zu einer Art touristischem Disneyland zu werden, in dem das städtische Leben gar nicht mehr echt ist. Dabei war die Idee, die hinter allem stand, über Airbnb die privaten Seiten eines Ortes kennenzulernen, da man ja bei Privatleuten unterkommt. Anlässlich des 15. Geburtstags der Reiseplattform kritisierte die *Süddeutsche Zeitung,* dass dort nie konkret ausgesprochen wird, dass es auch bei Airbnb um eines geht – ums Geldverdienen.

Ich persönlich finde diesen Gedanken ein wenig naiv. Natürlich geht es immer ums Geldverdienen, auch in der Hotelbranche, wie in jeder Branche, solange es sich nicht um karitative Unternehmen handelt oder etwas umsonst angeboten wird. Das Problem mit Airbnb ist meiner Meinung nach eher ein anderes, nämlich dass manche Orte durch die Plattform (und durch *booking.com* und Instagram-Trends) so wahnsinnig beliebt geworden sind, dass sie vollkommen überrannt werden.

Wie vielschichtig die Hintergründe sind und wie alles miteinander verbunden ist, erkennt man oft erst bei genauerem Hingucken. So könnte man glauben, dass der Schaden, den Airbnb anrichtet, an reinen Touristenorten, die ohnehin hauptsächlich von Urlaubsgästen leben, nicht so gewaltig ausfällt.

Am Beispiel der griechischen Insel Hydra, die ich ganz gut kenne, lässt sich jedoch erkennen, dass die Sache nicht so einfach ist. Auf dem Eiland im Saronischen Golf lebt die Bevölkerung seit Längerem hauptsächlich von Urlaubern, wobei aber ein eher bewusster Tourismus gepflegt wird – große Hotels für Pauschalreisende sucht man vergeblich, das traditionelle Erscheinungsbild der Insel ist den Bewohnern wichtiger. Man darf zum Beispiel nur bauen, wo zuvor bereits nachweislich ein Haus stand, und auch dies ist strengen Regeln bezüglich der Form und der Baumaterialien unterworfen. Es dürfen draußen nicht einmal Plastikstühle aufgestellt werden, keinerlei Satellitenschüsseln sind zu sehen, und statt Autos kursieren Esel – alles Bestrebungen, die Ursprünglichkeit der Insel zu erhalten. Das nur vorneweg, um zu zeigen, dass hier ein wirklich sanfter Tourismus betrieben wird.

Die Veränderungen durch Airbnb waren zunächst nicht offensichtlich. Oft waren es einfach bestehende Ferienhäuser, die man sowieso schon länger mieten konnte, die nun auch über dieses Portal erhältlich waren. Bald aber verdienten sich immer mehr Hausbesitzer aus Athen und anderen Orten etwas dazu, indem sie ihr eigenes Ferienhaus vermieteten, wenn sie selbst gerade nicht da waren. Schließlich war die Nachfrage so groß und die Verdienstmöglichkeiten für jeden Immobilienbesitzer so präsent, dass jede noch so kleine Kammer, jede noch so einfache Wohnung zum schicken Airbnb umgestaltet wurde. Plötzlich waren (zusätzlich zu den übrigen Hotels und Pensionen) rund sechzig Airbnb-Apartments auf der Insel buchbar. Nur ein paar Jahre später werden auf der Insel 341 Apartments auf der Airbnb-Seite angezeigt (Stand: Januar 2023).

Das Problem dabei ist, dass es kaum noch bezahlbaren Wohnraum gibt für die Hilfskräfte, die in der Saison unter anderem aus Bulgarien oder Albanien auf die Insel kommen. Das wiederum stellt ein Riesenproblem dar für die Gastronomie und die Hotels und Pensionen im Ort, und welche Krisen es in den Herkunftsländern bei den Familien der Hilfskräfte nach sich zieht, kann man sich ebenfalls ausmalen. Und so hängt alles mit allem zusammen. Wie überall sind es auch hier zunächst die Einkommensschwächsten, die leiden, doch in der Folge kann sich das Problem auf weitere Kreise ausweiten.

Bevor nun jemand Airbnb, die Hausbesitzer, die mit Airbnb zusammenarbeiten, und den Tourismus per se verflucht, muss allerdings bedacht werden, dass ebendiese beschriebene Insel in den 1950er- und 1960er-Jahren von dem Geschäft mit den Urlaubern aus großer Armut errettet wurde – und die Inselhäuser, von denen viele leer standen, davor bewahrt wurden, zu Ruinen zu verfallen. Es ist also nicht alles schwarz oder weiß, sondern leider kompliziert.

Ob auf Airbnb, im Hotel, auf dem Campingplatz oder wo auch immer – die Strandnähe beeinflusst den Preis natürlich stets mit und pusht ihn nach oben. Teuer ist freilich nicht nur die Erreichbarkeit, sondern auch die Sichtbarkeit: Meerblick (oder Seeblick) ist bares Geld wert und kostet manchmal dreißig Prozent mehr als die (vielleicht ebenfalls hübsche) Ansicht der Bergkuppen hinter der Küste.

Echter Goldstandard allerdings ist Meerblick plus Westseite. Allein vom Sonnenuntergang leben diverse Orte und Gastronomiebetriebe, wie wir bereits gesehen haben. Sonnenuntergang am Wasser ist dann noch mal eine Steigerungsform und quasi unwiderstehlich, weil jeden Tag einzigartig.

Für Menschen, die im Norden leben, ist er wahrscheinlich noch kostbarer als für die Südländer, denn erstens sieht man ihn nicht so oft, weil er ja im Norden häufiger von Wolken verdeckt ist. Und dann gibt es noch die Annahme, ein roter Sonnenuntergang prophezeie schönes Wetter, und das allein ist schon ein Grund für Ferienlaune. An dieser Prognose ist tatsächlich etwas dran, denn Abendrot entsteht (zumindest in Deutschland) oft dann, wenn der Wind von Westen die Wolken wegbläst. Dahinter ist der Himmel frei. »Abendrot, Gutwetterbot«, lautet die Bauernregel. Als Kind habe ich immer verstanden »Gutwetterbrot«, mit r, und mich gefragt, ob das Brot bei uns zu Hause auch ein Gutwetterbrot ist und hoffentlich kein Schlechtwetterbrot.

Die schönsten Sonnenuntergangsspots der Welt aufzuzählen ist sicher müßig – es sind einfach zu viele, es gibt sie fast wie Sand am Meer. Darum beschränken wir uns auf die zwei, die als die schönsten in Deutschland gelten:

der Strand von Sankt Peter-Ording und der am Eibsee in Bayern.

Mit einer der schönsten Sonnenuntergänge Europas ist bekanntermaßen der von Oia auf der Insel Santorin. Man kann aber trotzdem niemandem raten, dort hinzugehen, weil man die Sonne kaum vor Leuten sieht. Viele glauben, das liege an den Selfie-Jägern und den Influencern, die Oia zu stark promoteten, aber tatsächlich fand der Hype um den perfekten Sonnenuntergang dort schon in den 90er-Jahren statt. Damals gab es aber noch kein Tripadvisor, wo der *sunset* auf 9776 Positiv-Bewertungen (Stand: Dezember 2022) kommt – Menschenaufläufe hin oder her.

Und ewig grüßt das Murmeltier – nein, falsch, das wollte ich gar nicht schreiben, sondern etwas Ähnliches: Und ewig leuchtet der Aperol Spritz im Abendlicht. Wir sind nämlich wieder bei dem beliebtesten aller Aperitife angekommen, mit dem unser Kapitel begann. Selbstredend wird er auch auf Santorin literweise ausgeschenkt, Jahr für Jahr, auch wenn er jedes Frühjahr totgeschrieben wird. Es wird fast ein bisschen langweilig, man würde sich endlich mal einen Schwenk zu einem türkisfarbenen Getränk wünschen, oder einem knallgrünen? Einfach mal was anderes …

Versuche gab es diesbezüglich zuhauf, aber nicht mal der doch recht beliebte Hugo konnte so richtig am Aperol-Ruhm kratzen. Weitere angebliche Nachfolger wie Limoncello Spritz oder Campari Amalfi sprudeln lediglich im Verborgenen, nur der Aperol Spritz hat Bestand, so wie die Sonne, so wie der Strand, so wie das Abendrot, Gutwetterbrot.

Leben am Strand

Abends nach acht im August in Piräus im Trolleybus Nummer 20 konkurriert man um einen Sitzplatz mit Plastikkrokodilen und Schwimmflügeln, mit Luftmatratzen und Badenudeln. Zusätzlich mit Müttern, Kindern, Omas, Opas, Teenies. Alle kommen vom Strand und sind aufgekratzt, manche Mamas auch überreizt, und mindestens ein Kind im Bus hat garantiert gerade einen Trotzanfall. Wie es eben so ist nach einem Tag am Meer, auch wenn der hier oft erst um 18 Uhr (post Siesta) beginnt, dafür aber gut bis 22 Uhr dauern kann – vorher ist die Hitze gnadenlos.

Steigen die Badescharen schließlich aus, hinterlassen sie knirschenden Sand und nasse Sitzpolster, und man hofft, die Feuchtigkeit stammt einfach nur vom Meer. Sicher ist das nicht, denn auch die ganz Kleinen haben oft nur Badehosen und Sandalen an (und keine Windeln). Das macht nun mal den besonderen Charme von Strandstädten aus …

137

Aber ganz im Ernst: Trotz gewisser »Risiken« liebe ich es, wenn sich das Strandfeeling in den normalen Stadtalltag mischt, wenn im Bild der City Leute auftauchen mit Badetasche am Arm und Gummilatschen an den Füßen, mit Pareo statt Businessdress und Schwimmshorts statt Bügelfalte und das ganz normal ist und keine schiefen Blicke provoziert. Wenn man spürt und sieht, dass es noch etwas anderes gibt im Leben als Großstadt und Beton, und weil Strand ja auch Natur ist, Luftholen, Runterkommen. Und ist es nicht herrlich, wenn Wellenrauschen und die typischen dumpfen Klonks, die laut werden, wenn Leute Beachball spielen, genauso zum Sound einer Stadt gehören wie der Verkehrslärm, und wenn man die Ansagen der Wasserwacht noch an der Straße hört?

Im Strandbad Votsalakia unterhalb von Castella im Stadtzentrum von Piräus klingt der Bademeister durch sein Mikro immer so schrill und aufgeregt, als nähme gerade der Weiße Hai Kurs auf die Schwimmgäste. Kommt man näher, stellt man fest: Es ist eine akustisch übersteuerte Bademeisterin, eine hyperblonde, superschlanke mittelalte Frau, und sie warnt nicht vor großer Lebensgefahr, sondern vor kleinen Überschwemmungen: Die Wellen einer Fähre treffen jeden Moment auf den Strand, man möge die Sachen auf die Liege nehmen, sonst werde ja alles nass. Sie tut das Stunde um Stunde mit Engelsgeduld und hat schon viele Badetaschen mit Handys und Krimskrams vor dem Untergang bewahrt.

Ich hatte Ihnen ja schon verraten, dass ich in München am Isarstrand lebe. Oft bin ich aber auch in Griechenland in dem alten, kleinen Häuschen meiner Oma, das liegt nicht weit vom Meer – aber nicht am Strand, sondern am Hafen von Piräus (zum Stadtstrand muss ich mit den

Öffentlichen fahren). Piräus ist sowieso nicht bekannt für seine Strände, sondern als Tor zu den griechischen Inseln, denn zahlreiche Fähren legen von dort ab. Dass es auch zwei kleine Stadtstrände gibt, ist für Touristen nicht so interessant (wobei sich vereinzelt auch welche hierherverirren). Diese Strände sind auch nicht annähernd so atemberaubend schön wie die Buchten der berühmten Kykladen oder irgendein Inselstrand. Verglichen damit sind sie absolut unspektakulär, und ich liebe sie sehr. Das folgt bei mir einer Logik, die dem »Besser den Spatz in der Hand als die Taube auf dem Dach«-Prinzip entspricht: Natürlich sind die Strände auf Naxos schöner. Aber wenn ich nun mal gerade nicht auf Naxos weile, hält mich das nicht davon ab, hier zu baden und es zu genießen.

Ich bin allerdings die Einzige. Nicht am Strand, der ist gut besucht, sondern unter Freunden, Bekannten, Verwandten, Nachbarn. Keiner will mitkommen. Ihnen ist der Hafen zu nah und das Misstrauen gegenüber der Wasserqualität zu groß, dabei ist die unbedenklich, das lässt sich googeln. In meiner Kindheit gingen noch alle hier baden, ins alte Strandbad Paraskewas, nach dem die Busstation noch heute benannt ist. Dabei war das Wasser damals in Piräus quasi Gift, denn seinerzeit flossen Industrieabfälle hinein, außerdem gab es noch keine Kläranlage in der Stadt, das war teilweise wirklich ekelhaft. Aber heute ist das Meer sauber, und man blickt bis auf den Grund.

Warum also die Zurückhaltung? Es gibt noch einen Aspekt, bei dem die Freunde und Nachbarn ein wenig herumdrucksen und sich räuspern. Das klingt so: Der Votsalakia-Strand? Bitte nicht falsch verstehen, aber da gehen doch nur arme Leute hin.

Es stimmt, viele, die hier baden, können sich einen Inselurlaub mit Hotel wahrscheinlich nicht leisten, sie fahren aus den kleinbürgerlichen, einfachen Vierteln hierher, aus Nikea, Drapetsona, Keratsini. Viele sind außerdem Migranten, stammen aus Afghanistan und Bulgarien, aus Albanien und Pakistan – so wie überall in der Stadt. *So what?* Außerdem kommen die kinderreichen Familien zum Planschen her. Insgesamt geht es zu wie in Deutschland im Freibad, wo sich ja auch in der Regel nicht die oberen Zehntausend tummeln, weil die sich zu Hause an ihrem Pool bräunen. Ich habe keinen Pool, und Meer ist mir sowieso immer lieber als Chlor.

Es ist sonderbar mit diesem Stadtstrand, auf seltsame Weise sind wir hier eine Gemeinschaft. Wir halten uns für klüger als die anderen und werfen uns verschwörerische Blicke zu, weil wir die Schönheit eines Meeresbades mitten in der Stadt zu genießen wissen und uns nicht von den Unkenrufen abhalten lassen. Häufig werde ich hier in nette Gespräche verwickelt, und ich habe sogar eine Badefreundin gefunden, mit der ich mich öfter zum Schwimmen und Ratschen verabrede.

Ein Problem stellt nur die überdachte Ecke im ersten Drittel des Strandes dar, da sitzen manchmal Alkis, oder sind es Junkies? Wer dem entkommen will, geht ein paar Meter weiter ins besagte Strandbad mit der blonden Bademeisterin, dort kostet eine Liege sieben Euro, ein Getränk ist inklusive. Man kann hier sitzen, bis die Sonne unter- und der Mond aufgeht. Die Liegen sind dann schon abgeräumt, man setzt sich einfach aufs Handtuch. Oder an einen Tisch, denn abends wird das Strandbad zur Bar, es gibt Cocktails und Snacks (und Mücken, leider). Nun kommen auch viele dazu, die hier nie baden würden (z. B.

meine Freunde). Trinken wollen sie schon hier, denn es ist wunderbar luftig, so nah am Wasser, und man hört das Plätschern der Wellen.

Der zweite Stadtstrand liegt nicht weit weg von Votsalakia, er heißt Freatida Beach, ich nenne ihn heimlich aber nur »Alte-Leute-Strand«. Übernommen habe ich das von einem jungen Franzosen, mit dem ich mal ins Gespräch kam und der den Lockdown 2020 in der Stadt verbrachte (es war positiv gemeint – der Mann bewunderte die Fitness der alten Schwimmer). Aber eigentlich sind beide Stadtstrände Alte-Leute-Strände, und ich wette, das gilt für alle Stadtstrände der Welt – Senioren sind überproportional vertreten. Die Alten baden schon seit ihrer Kindheit hier und haben alle Trends längst überlebt. Ich werde immer sentimental, wenn ich sie sehe, denn mein Lieblingsonkel schwamm auch gern hier, und ich vermisse ihn.

Die Senioren jedenfalls kommen hauptsächlich wegen der Bewegung. Das bedeutet aber nicht, dass sie hierherjoggen würden und dann im Wasser wie verrückt loskraulen, sondern sie schwimmen recht behäbig, meist in großen Cliquen, und unterhalten sich dabei. Und zwar jeden Tag, zu jeder Jahreszeit. Wenn einer mal nicht kommt, dann fällt das richtig auf, aber meist wissen alle, dass der Betreffende an dem Tag auf ein Amt muss oder Besuch bekommt. Es handelt sich um ein funktionierendes nachbarschaftliches System, gekoppelt mit sanfter Gesundheitsfürsorge durch das Schwimmen – besser geht's nicht!

Ansonsten gibt es auch in Athen viele Badestrände, einer schöner als der andere. Sie sind im Prinzip die Verlängerung vom Votsalakia-Strand, selbe Richtung (südöstlich), allerdings einige Kilometer weiter entfernt. Auch Athen ist Urlaubern als Badeziel kaum präsent – die meisten wollen die Akropolis und die tollen Museen sehen, bevor es auf die Inseln oder in den Westen, Richtung Peloponnes, geht. Aber tatsächlich gibt es eine lange sandige Küste, die sogar den hochtrabenden Namen Riviera trägt, die Athener Riviera. Sie zieht sich rund fünfzig Kilometer bis nach Kap Sounion. Hier ist es schicker, meine Freunde rümpfen nicht mehr die Nase, aber erst ab Tramhaltestelle Kalamaki, wo die Wasserqualität als top gilt.

Der beliebteste Athener Strand kommt aber schon vorher und heißt Edem – übersetzt »Eden«, wobei der Name besser klingt, als die Realität aussieht. Hier ist es ein bisschen so wie an den Stadtstränden von Piräus: Das Publikum ist so lala. Im Fall Edem sind Unmengen von Teenagern das »Problem«, die altersgemäßen Lärm verursachen. Mich stören sie nicht. Auch hier gibt es ein Strandbad mit Liegen und Schirmen, viele legen sich einfach unter die Schatten spendenden Palmen, die irgendein Bürgermeister vernünftigerweise hier mal hat pflanzen lassen, außerdem gibt es eine hübsche Taverne, in der man sich fast auf einer Insel wähnt – was will man mehr?

Leben am Strand – vor einigen Jahrzehnten hätte diese Überschrift außerdem für Fischerdörfer weltweit gegolten. Natürlich leben auch heute noch Menschen in den früheren Fischerorten, aber im Großen und Ganzen haben sich diese der »Tourismusbranche« verschrieben – sie ist heute die Haupteinnahmequelle in den alten pittoresken Dörfern. Weshalb im Winter, wenn die Besucher weg sind, die meisten Bewohner in die nächstgrößere Stadt umziehen. Fischfang mittels kleiner Bötchen, wie sie in solchen Orten am Hafen liegen, lohnt sich nämlich meist nicht mehr, dazu bräuchte man heutzutage riesige Crawler, und die wiederum legen oft nicht in Touristenorten an, denn ihr Anblick würde alle Urlauber verschrecken.

Wobei das nicht heißt, dass es nirgends mehr Fisch gibt in alten Fischerdörfern, Kroatien beispielsweise ist ausgesprochen fischreich. Wie sehr, bemerkte ich erst wieder vor zwei Jahren, als ich morgens im istrischen Vrsar aus dem Fenster meines Urlaubsapartments blickte und fast die Kaffeetasse hätte fallen lassen: Ein frisch erlegter Thunfisch von gut 1,80 Meter Länge lag am Hafen, genau unter meinem Fenster! Allerdings hatten nicht »richtige« Fischer ihn gefangen, sondern er wurde bei einer geführten Fischjagd mit Touristen erlegt. Die posierten um das arme tote Tier und knipsten stolz mit ihren Handys Erinnerungsfotos.

Vereinzelt gibt es in Europa noch ein paar hübsche Fischerorte mit Stränden, die nicht sooo überlaufen sind (zumindest nicht in der Nebensaison), und wo man ein wenig Strandleben der Einheimischen miterleben kann. In Italien fällt mir dazu in den Cinque Terre der Ort Monterosso ein, der für seinen kleinen Sandstrand, die bunten Häuser und die fangfrischen Sardellen berühmt ist. Oder in Portugal Ferragudo, dem man noch anmerkt, das es (auch) ein Fischerdorf ist. Und sicher kennen Sie noch weitere solche Orte.

Ganz bestimmt sind Ihnen außerdem die berühmten Strandstädte vertraut, Nizza mit seiner kilometerlangen Plage, Cádiz, Rio de Janeiro, auch Barcelona, Palma de Mallorca, Salerno und so weiter und so fort. Aber: Es sind eben Touristenstädte, der Alltag dreht sich stark um den Fremdenverkehr.

Anders ist das an den australischen Küsten, die »gehören« nicht nur den Reisenden, sondern überwiegend den Australiern selbst. Allein Sydney hat über hundert Strände, so heißt es. Wie viele ganz genau, weiß offenbar niemand – vielleicht ist die Zahl auch ein bisschen abhängig von der Betrachtungsweise und der Frage, wo der eine Strand aufhört und der nächste anfängt. Der bekannteste ist aber sicherlich Bondi Beach, der jedoch sehr überlaufen ist (aber es gibt ja, wie gesagt, Ausweichmöglichkeiten). Hier ist das Leben eng verwoben mit dem Strand, dem Wassersport (natürlich in erster Linie Surfen), dem Rumhängen und Relaxen im Sand.

Ebenso verhält es sich mit den Küstenstädten Kaliforniens, wie beispielsweise San Diego oder dem kleinen Ventura unweit von L. A., bei deren Stränden man auch heute noch das Gefühl hat, sie wurden nicht extra für die Touris »erfunden«, sondern sind normaler Bestandteil des Alltagslebens und werden genutzt wie andernorts Parks – als Allgemeingut und Orte, die alle aufsuchen, wenn sie sich einen schönen Tag machen wollen.

In Piräus dreht sich der Alltag schon auch zum Teil um den Fremdenverkehr, die meisten Bewohner arbeiten jedoch in tourismusunabhängigen Berufen – bei der Bank, bei H&M, als Lehrer, Psychotherapeutinnen, als Steuerberaterinnen, auf dem Bau, als Journalistinnen oder bei der Polizei. Sie fahren Metro oder Moped, gehen ins Fitnessstudio und zu Familienfeiern, auf den Markt und an den Strand (wenn auch nicht alle). Jedenfalls trifft man hier Einheimische und sieht ihnen beim ganz normalen Leben zu und darf am Strand sogar mitmachen, und das finde ich viel spannender, als beim Baden immer nur eingekeilt zu sein zwischen anderen deutschen Urlaubern.

Aber noch einmal zurück zu der Frage, warum manche Strandanwohner die Strände selbst gar nicht nutzen. Sie bezieht sich auf Piräus, die Antworten gelten aber, glaube ich, universell:

Erstens: Was man immer erreichbar vor Augen hat, erscheint einem als langweilig. Strand ist Luxus, wer jedoch jeden Tag die Möglichkeit hat, ihn zu nutzen, findet das gar nicht so verlockend.

Zweitens: In Ländern mit vielen extrem schönen Stränden wird man ein bisschen *picky*. Ein paradiesischer Strand mit klarem Wasser und grobem gelben Sand reicht dann nicht mehr, es muss schon der absolut perfekte sein mit türkisfarbenem Wasser und weißem Sand in Puderzuckerqualität. Drunter macht man's nicht!

Drittens: Wer nie baden geht, wirkt viel beschäftigt, und dieses Image mögen manche Leute. Sie wollen nämlich nicht als braun gebrannte Faulenzer dastehen. Eine griechische Cousine von mir prahlt immer damit, wie selten sie in dem jeweils aktuellen Sommer baden war – sie ist immer zu busy. Wenn ihr Rücken schmerzt, geht sie nicht ins Wasser, sondern in die Physio. Manchmal denke ich, dass sie das Meer vor ihrer Haustür komplett vergisst.

Und auch die meisten Besucher auf Städtetour nutzen die Strände viel zu selten, kommen oft gar nicht auf die Idee, sich nach dem Museum in den Sand zu setzen, den Wellen zuzusehen, den Wind im Haar zu spüren und die müden Beine auszuruhen. Seien Sie schlau, machen Sie es anders!

Und deshalb hier meine (wie immer sehr subjektive) Liste interessanter Locations, die man entweder gar nicht auf dem Plan hat – oder zumindest nicht als Strandstädte:

Danzig

Wenigstens Film- und Literaturfans sollten Danzig auf ihre Landkarte setzen, wegen der »Blechtrommel«. Das ist aber leider oft nicht der Fall, die Stadt wird touristisch extrem unterschätzt – »nur« 1,5 Millionen Gäste (aus Polen, Skandinavien und Deutschland) besuchen sie jedes Jahr, was wenig ist angesichts der tollen Altstadtarchitektur, die stark flämisch beeinflusst ist. Streckenweise sieht es hier aus wie in Amsterdam (nur nicht so überlaufen). Im Krieg wurde die Innenstadt zwar bombardiert, allerdings später wieder originalgetreu aufgebaut.

In früheren Zeiten war die Stadt an der Weichselmündung eine Hansestadt, noch heute befindet sich hier einer der größten Häfen Europas. Und fünf Strände! Sie sind bequem mit öffentlichen Verkehrsmitteln zu erreichen. Los geht es gleich vor den Stadttoren, der Ostseesand ist hier ganz fein.

Das Besondere an den polnischen Stränden ist, dass man Bernstein finden kann – und ihn sogar sammeln darf, doch nur in kleinem Rahmen. Man darf gefundene Stücke behalten, aber nicht danach graben und nicht mal ein kleines Handsieb verwenden (aber bitte Vorsicht, manchmal handelt es sich bei dem vermeintlichen Bernstein um gefährlichen Phosphor – dazu später mehr). Danzig ist berühmt als Stadt des Bernsteins, der hier verkauft und verarbeitet wird. Das fossile Harz soll beim Träger Ängste beruhigen, die Lebensgeister wecken und die Kreativität fördern (glauben zumindest Esoteriker), und angeblich helfen die Ketten Babys gegen die Schmerzen beim Zahnen.

Wenn man schon mal in der Gegend ist, sollte man auch Sopot einen Besuch abstatten – dem benachbarten Badeort sieht man seine Vergangenheit als nobler Destination für die bessere Gesellschaft an, im Stadtbild finden sich herrliche Jugendstilvillen.

Triest

Die norditalienische Stadt war in früheren Jahrhunderten ein Schmelztiegel der Kulturen. Jüdische, griechische, türkische und venezianische Händler lebten hier und prägten Triest, auch die österreichisch-ungarische Epoche ist der Stadt anzumerken, ebenso wie die Nähe zu Slowenien und Istrien. All das ergab nicht nur eine reiche Architektur, sondern wirkte sich auch auf die Küche aus: Wo sonst in Italien kann man in der Trattoria ungarisches Gulasch (Gulyás) essen?

Das Allerbeste an Triest: Man kann mitten in der Stadt baden gehen, und zwar direkt im Zentrum. Das berühmteste Strandbad ist das 1903 errichtete La Lanterna, auch El Pedocin genannt, in dem der Strand von einer Mauer durchteilt ist – hier herrscht nämlich Geschlechtertrennung. Auf der einen Seite baden die Männer, auf der anderen Frauen und Kinder. Alle Versuche, dies zu verändern und zu modernisieren, wurden von den traditionsbewussten Triesterinnen bisher verhindert. Sie finden, durch die Mauer sei ihre Privatsphäre besser gewahrt und sie könnten sich hier ungestörter in der Sonne aalen.

Stavanger

Es handelt sich um die viertgrößte Stadt Norwegens, sie war schon mal Kulturhauptstadt, mir war sie allerdings bis vor Kurzem absolut unbekannt, und eine Kurzumfrage im Bekanntenkreis ergab, dass ich damit nicht allein stehe. Das Besondere an Stavanger ist die große (und wunderschöne) Holzhaussiedlung im Stadtzentrum – die aus weißen Holzhäusern besteht und nicht aus roten wie bei den Nachbarn in Schweden.

On the downside: Unweit befindet sich das Zentrum der norwegischen Erdölgewinnung – auch das prägt die Gegend. Es gibt sogar ein Museum über die Geschichte der Erdölförderung in Stavanger. Wanderer nutzen hier außerdem die Nähe zur berühmtesten Natursehenswürdigkeit Norwegens, der Klippe von Preikestolen, die aussieht wie ein Berg, dem man die Kuppe abgesägt hat. Von ihr genießt man die atemberaubende Aussicht auf das Umland und den vierzig Kilometer langen Lysefjord.

Spektakulär sind auch die Strände von Stavanger. Schon die knallbunten Badehäuschen stimmen den Besucher positiv ein, die Strände selbst sind aber unfassbar: Hier braucht man unbedingt eine Sonnenbrille, nicht nur wegen der Sonne, sondern vor allem wegen des Sandes, denn der ist regelrecht blendend weiß! Zum Beispiel am Hellestø, an dem jedes Jahr ein Drachenfestival stattfindet.

Chicago

Die US-Amerikaner würden wahrscheinlich über unsere Unwissenheit lachen, aber hierzulande würde wohl kaum jemand diese Stadt als tolle Beachlocation bezeichnen. Reine Unkenntnis natürlich, zu der auch ich mich bis unlängst bekennen musste. Beim Thema Chicago fielen mir bisher nur die alten Gangsterfilme mit James Cagney ein. Und die berühmte Jazzszene. Dass die Stadt mehr zu bieten hat und beispielsweise über hundert Theater besitzt und dass das Improtheater hier erfunden wurde – wer weiß denn so was?

Ebenso wenig war mir bekannt, dass Chicago über maritimes Flair verfügt und sage und schreibe 33 Strände besitzt. Ernsthaft! Chicago liegt ja direkt am Lake Michigan, man erreicht die Strände öffentlich oder zu Fuß. Der zentralste heißt Oak Street Beach, ein wunderbarer Sandstrand vor der glitzernden hochmodernen Großstadt-Wolkenkratzerkulisse – da liegen Natur und Fortschritt ganz nah beieinander! Beliebt ist auch der North Avenue Beach (ebenfalls inklusive Wolkenkratzerblick), der türkisblaues Wasser besitzt. Oder der Foster Beach, der wegen des seicht abfallenden Ufers als besonders familienfreundlich geschätzt wird.

Salz gibt es natürlich keines im Wasser, es ist ja ein Süßwassersee. Daher kommen logischerweise auch keine Haie vor. Wenn man sich die Beurteilungen auf Tripadvisor ansieht, bezeichnen viele der offenbar dauerhaft vom Film »Der Weiße Hai« traumatisierten Amerikaner das neben der offensichtlichen Vorzüge als absolutes Plus an diesem See.

Singapur

Auf der Insel Sentosa vor Singapur ist fast nichts echt – nicht der Sand, der hier eigentlich gar nicht vorkommt, nicht die Inselchen, die vor die Strände Siloso Beach oder Palawan Beach gebaut wurden. Aber die Illusion ist perfekt, optisch wirkt hier alles wie im Urlaubsparadies. Es spricht also nichts dagegen, sich am Meer auszustrecken oder einen Spaziergang zu machen, auch Bungeespringen wird angeboten. Es gibt außerdem zahlreiche Beachrestaurants, und die Küche Singapurs ist ja immer ein Erlebnis, das sich lohnt.

Nur eines sollte man unter allen Umständen unterlassen: schwimmen! Nicht mal ich würde hier reingehen, auch nicht mit den Füßen. Sentosa liegt nämlich an der Wasserstraße von Singapur, die zur Straße von Malakka führt, der von Schiffen meistbefahrenen Meerespassage der Welt, da sind unzählige Fracht- und Containerschiffe unterwegs. Ist interessant anzusehen, spricht aber kaum für die Wasserqualität.

Hat man sich ein wenig erholt und genug Schiffe betrachtet, kann man wieder zurück in die City, um sich beispielsweise die Gardens by the Bay anzusehen. Die sind auch gänzlich unecht und künstlich angelegt, sogar das Land, auf dem sie sich befinden, musste extra aufgeschüttet werden. Dennoch sind sie auf unwirkliche Weise wunderschön! Sie wurden erschaffen, um durch das üppige Grün die Lebensqualität der Stadtbewohner zu verbessern, und bei ausländischen Gästen wirkt das ebenso.

Kopenhagen

Dass die dänische Metropole zu den lebenswertesten Städten der Welt zählt, hat sich sicherlich herumgesprochen. Alles ist dort besser als anderswo, ich sage nur: hyggelig. Also gemütlich und schön anzusehen. Das gilt für die Häuser, die Inneneinrichtungen der Cafés, die Boutiquen. Außerdem wird Umweltschutz hier großgeschrieben, es gibt zahlreiche Grünflächen, und man kann viel mit dem Rad fahren, zudem existieren tolle Museen (z. B das Louisiana Museum für moderne Kunst). Einziger Nachteil sind die Preise in dieser Stadt der Fabelhaftigkeit, auch da herrschen Superlative, beispielsweise beim Essengehen.

Das Einzige, was einen in Kopenhagen nicht arm macht, ist ein Besuch der Strände, zum Beispiel des Amager Strandparks, den man etwa per Fahrrad in zehn Minuten vom Stadtzentrum erreicht und der blitzsauber und gepflegt ist – wie alle Strände hier. Erst die Strände machen Kopenhagen zu einer Stadt, die den Lebenswert auch wirklich für alle einlösen kann, denn man kann dort einfach ein Picknick machen, spart dabei Geld und hat dennoch einen schönen Tag. Den Sand gibt es gratis, und der Sprung ins Wasser kostet keinen Cent. Und im Sommer wird es oft richtig schön und heiß in Dänemark!

New York

Sie werden mir recht geben, dass wohl kein Mensch nach New York reist, um dort Badeurlaub zu machen! In früheren Zeiten war das allerdings anders, Coney Island beispielsweise war im 19. Jahrhundert ein bekanntes Badeziel für die High Society.

Insbesondere Brighton Beach, ein Teil von Coney Island, benannt nach dem britischen Brighton. Das dort ansässige damalige Brighton Beach Hotel, gegründet 1878, war zu seiner Zeit sogar das nobelste und größte Hotel der ganzen USA. (Nicht zu verwechseln mit dem Brighton Beach Hotel in Australien, nahe Melbourne, das ebenfalls aus der Zeit stammt; Brighton galt offenbar im 19. Jahrhundert weltweit als das Schickste überhaupt!)

Bereits 1888 war die See dem Brighton Hotel auf Coney Island allerdings gefährlich nahe gerückt, es drohte, ins Wasser abzurutschen. Weshalb es 200 Meter weiter ins Landesinnere versetzt werden musste – und zwar am Stück! Die ganzen stattlichen 150 Meter Länge und 6000 Tonnen Gewicht! Dazu waren 120 Eisenbahnwaggons nötig, die von sechs Dampfloks gezogen wurden. Man scheute also keine Kosten und Mühen, das berühmte Luxushotel vor dem (wortwörtlichen) Untergang zu retten!

Im frühen 20. Jahrhundert eröffneten dann viele kleine Bühnen in der Gegend, besonders berühmt war das Brighton Theatre, in dem die Karrieren der Marx Brothers, von Fred Astaire oder Douglas Fairbanks ihren Anfang nahmen. Und außerdem gab es auf Coney Island eine Pferderennbahn.

Die Rennbahnen New Yorks waren verantwortlich dafür, dass die Stadt den Beinamen »Big Apple« bekam – Pferderennen bedeuten die Aussicht auf »Big Money« (für die Wettenden) und »Big Apples« (als Belohnung für die Gewinnerpferde). Dies wurde über die Jahrzehnte oft in Liedern und Schlagern besungen. Aus nicht ganz klaren Gründen wurde der Name »Big Apple« dann plötzlich als Spitzname und Synonym für die ganze Stadt verwendet, weltweit bekannt wurde er aber erst durch eine Werbekampagne 1970, die die Touristen nach New York locken sollte.

Aber zurück zu Coney Island: Heute ist die Gegend ein riesiger Rummelplatz mit Fahrgeschäften und viel Trubel, im Hintergrund ragen hohe Häuser auf, aber nicht in Hochglanzoptik wie in Chicago – es handelt sich oft um sogenannte *housing projects,* Sozialwohnungen in der typischen New Yorker Backsteinoptik. Hier leben viele Osteuropäer, insbesondere mit Wurzeln in Odessa, was sich auch in der Gastronomie widerspiegelt – auf Coney Island kann man zum Beispiel ukrainischen Wodka mit Chili und Honig kosten, und die Lokale tragen Namen wie Tatiana.

Hinter den Rummelplätzen aber wird nach wie vor gebadet. Am schönsten ist es immer noch am Brighton Beach. Natürlich nicht karibisch schön, schon allein von der Wassertemperatur her nicht (ich sage nur: Atlantischer Ozean – brrr). Aber der Sandstrand ist lang und breit, man kann wunderbare Spaziergänge unternehmen, Drachen steigen lassen und was man sonst so tut, um abzuschalten und Spaß zu haben.

Und das ist nur einer der New Yorker Strände. Es gibt auch noch Orchard Beach nahe der Bronx oder Long

Beach und so weiter. Man könnte allein über die Strände New Yorks ein ganzes Buch verfassen. Aber das überlasse ich lieber jemandem, der aus der Stadt stammt …

Jetzt haben wir mal wieder, typisch Mensch, nur an uns gedacht, als es um Strandbewohner ging, und nicht an die Abermilliarden dort ansässigen tierischen Lebewesen. Fangen wir also am besten mit den bei uns in Deutschland beheimateten an, denen man bei Wattwanderungen begegnen kann: Die bedeutsamsten Tiere im Wattenmeer werden (u. a. von Forschern und Naturschützern) als die »Small Five« bezeichnet, es handelt sich um die Gemeine Strandkrabbe, die Gemeine Wattschnecke, die Gemeine Herzmuschel, die Nordseegarnele und natürlich den Wattwurm. All diese Tiere haben eine natürliche Funktion, die den Strand gesund hält. Der Wattwurm beispielsweise befördert Nährstoffe an die Oberfläche, baut abgestorbenes Pflanzenmaterial ab und reichert den Sand mit Sauerstoff an. Und er dient nicht zuletzt anderen Strandanwohnern als Nahrungsmittel, zum Beispiel Seevögeln.

Apropos Seevögel: Ungefähr 300 Arten kommen an den Ozeanen weltweit vor. An der Nordsee sind es etwa zehn Arten, darunter der Basstölpel oder der Eissturmvogel und natürlich: Möwen, die quasi allgegenwärtig sind.

In kulinarischer Hinsicht sind sie absolute Wattwurm-Liebhaber. An der Ost- und Nordsee fressen sie täglich um die 35 Stück. Sehr gerne verspeisen sie außerdem die Lammkoteletts, die ein Freund von mir bei seinen Urlauben auf der Insel Chalki in Griechenland auf dem Grill für sie zubereitet (eigentlich für sich selbst, was die Möwen aber regelmäßig als Einladung missverstehen).

Diese ungebetenen Essensgäste meines Freundes sind Mittelmeermöwen. Seit den 1970er-Jahren hat diese Art sich auch in Deutschland angesiedelt. Insgesamt gibt es circa fünfzig Möwenarten, davon neun Unterarten bei uns, unter anderen Lachmöwen, Silbermöwen, Sturmmöwen und Mantelmöwen.

Sie haben gemein, dass sie nicht gerade zart zwitschern, sondern lautstark schreien. Ich liebe ihre eigentümlichen Rufe als akustische Strionuntermalung, aber das ist Geschmackssache – manch einer hasst den Krach. Die ornithologische Erklärung für die Lautstärke der Möwen ist, dass die Vögel sich trotz des mitunter recht lauten Meeresrauschens untereinander verständlich machen müssen – Möwen kommunizieren recht komplex miteinander und bedienen sich einer ausgeklügelten Sozialstruktur.

Noch ein typischer tierischer Sound an deutschen Meeresküsten sind die Laute der Robbenbabys. Rund 40 000 Seehunde leben derzeit an der Nordsee, so viele wie noch nie. Auch der Bestand der Kegelrobben hat sich erhöht, an der Ostsee beispielsweise gibt es zurzeit etwa 30 000 Stück.

Nähern sollte man sich den Tieren allerdings nicht, auch in eigenem Interesse – Robben verfügen über ein Raubtiergebiss und können aggressiv werden. Besonders gefährlich sind sie im Juni, wenn der Nachwuchs auf die Welt kommt. Findet man im Sommer ein allein am Strand liegendes Seehundbaby, heißt das nicht, dass es sich um einen Heuler – ein verwaistes Jungtier – handeln muss. Die Kleinen sind nämlich schon früh allein unterwegs, das ist normal. Wer sie nicht in Ruhe lässt, riskiert, dass das Muttertier sich nicht näher zu kommen traut. Im

Zweifel kann man entsprechende Robbenstationen kontaktieren.

Im Gegensatz zu den Robben in den Nordmeeren, deren Bestände sich erholen, sind die im Mittelmeer angesiedelten Mönchsrobben, die ursprünglich etwa an den Küsten der Iberischen Halbinsel, der Türkei und Süditaliens vorkamen, mittlerweile besorgniserregend selten. Insgesamt soll es nur noch 350 bis 450 Stück in Südeuropa geben. Ich kenne eine Insel in Griechenland, auf der seit Jahren regelmäßig eine (im Singular!) am Strand gesichtet wird. Dabei leben Mönchsrobben natürlicherweise ebenfalls in großen Kolonien, nicht anders als die Kegelrobben.

Ein Meeresbewohner, der die Menschen seit jeher fasziniert, ist die Wasserschildkröte – und das ist mit ein Grund, warum es nur noch so wenige davon gibt, weil ihre Babys, wenn sie sich nach dem Schlüpfen ihren Weg ins Meer bahnten, aufgehoben und die Schildkrötenweibchen bei der Eiablage gestört wurden.

Meeresschildkrötenweibchen kommen immer an den Ort zurück, an dem sie selbst geschlüpft sind, um dort etwa 120 Eier zu verbuddeln, doch wenn das nicht möglich ist (z. B. wegen verbauter Strände oder lauter Strandkneipen), fliehen sie und kehren nie zurück. Mittlerweile gibt es zwar einige Schutzgebiete für die Tiere, in denen sie ihre Eier ablegen können (etwa auf den Kapverden, in der Türkei, Brasilien und vielen anderen Ländern), aber für das große Comeback der Tiere im Meer wird das längst nicht ausreichen.

Obwohl sie so selten sind, kann man Meeresschildkröten manchmal beim Tauchen oder Schnorcheln beobachten. Im Mittelmeerraum sind sogenannte Unechte Ka-

rettschildkröten, Grüne Meeresschildkröten und Leder-
schildkröten anzutreffen, sie sind nicht mal besonders
scheu. Menschen sollten sie dennoch niemals anfassen
oder streicheln, das ist schädlich für die Hautoberfläche
der Tiere.

Andere Strandbewohner dürfen zwar angefasst werden, sie kommen sogar freiwillig angerannt, allerdings
nicht wegen potenzieller Streicheleinheiten, sondern wegen der Früchte und Sandwiches im Strandgepäck der
Badegäste. Die Rede ist von verwilderten Ziegen, die
strandnahe Areale bewohnen, zum Beispiel auf Mallorca
und auf griechischen Inseln. Ich selbst bin schon auf der
Dodekanes-Insel Symi von Ziegen beklaut worden, die
sich über unsere Nektarinen hermachten. Sie schaffen es
sogar, Taschen und Tüten, die von den Touristen vor-
sorglich an Tamariskenästen aufgehängt worden waren,
zu kapern.

Anfassen und (vorsichtig) streicheln darf man auch die
ulkigen Schweine am Pig Beach auf der Bahamas-Insel
Big Major Cay. Sie sind ein beliebtes Fotomotiv, und es
ist wirklich lustig anzusehen, wie sie ausgelassen im tür-
kisblauen Karibischen Meer planschen. Von Hand füttern
sollte man sie aber nicht (auch Schweine haben kräftige
Zähne), dafür gibt es aufgestellte Futtertröge, in die man
Früchte oder Brot für die Tiere legen darf. Es handelt sich
bei diesen schwimmenden Schweinen übrigens nicht um
eine dort natürlich vorkommende Art – wahrscheinlich
wurden die Vorfahren der Tiere einst von Seeleuten hier
zurückgelassen, oder sie retteten sich nach einem Schiffbruch selbst an den Strand.

Ebenso tolle Fotomotive wie die Schweine geben die
Strandflamingos von Aruba ab, ihr pinkfarbenes Gefieder

kontrastiert fantastisch mit dem Türkis des Wassers. Wenn man am Flamingo Beach liegt, kann es einem passieren, dass ein Trupp dieser Vögel in aller Seelenruhe am Strandhandtuch vorbeistolziert. Allerdings ist dieses Erlebnis den Hotelgästen eines dort ansässigen Resorts vorbehalten, das sich auf der zu Aruba gehörenden Privatinsel Renaissance Island befindet. Wer nicht einchecken will, kann per Tagespass Zeit zum Flamingoknipsen hier verbringen.

Bei Wasservögeln oder Krabben stellt der Strand das natürliche Habitat dar, andere Tiere machen einfach gerne Strandausflüge, wahrscheinlich aus den gleichen Gründen wie die Menschen: Sie wollen sich am Strand erholen. Zum Beispiel kann man an bestimmten Orten Australiens (wie in Queensland am Cape Hillsborough Beach) in den Morgen- und Abendstunden, wenn es nicht so heiß ist, beobachten, wie Kängurus relaxen. Die Tiere sonnen sich und gehen sogar im Wasser baden.

Im indischen Bundesstaat Goa, insbesondere am Strand von Palolem, sind es dagegen Kühe, die im Sand chillen – an manchen Tagen fast schon kleine Rinderherden. Palolem ist alles andere als abgeschieden, der Strand ist voller Touristen, und es gibt zahlreiche Lokale und Shops, aber die Kühe lassen sich nicht stressen, sie haben die Ruhe weg und wirken sehr ehrwürdig, sie sind ja auch heilig – zumindest nach hinduistischen Glaubensvorstellungen.

Weniger gut geht es den meisten Hunden und Katzen, die als Streuner an Stränden ihr Dasein fristen, insbesondere nach Saisonende, wenn Restaurants und Hotels schließen. Wer sich um ein verwahrlostes Tier kümmern möchte, sollte aber immer etwas vernünftige Vorsicht walten lassen: Nicht alle Streuner wollen tatsächlich gestreichelt werden, und natürlich können sie Krankheiten übertragen, im schlimmsten Fall sogar Tollwut. Wer helfen will, kann ortsansässige Tierheime oder Schutzorganisationen zu Hilfe holen – und das gerettete Kätzchen oder den Hund (nach örtlich unterschiedlichen Quarantäne- oder Impfschutzregelungen) später sogar manchmal aus dem Tierschutz zu sich holen.

Eine originelle Idee, Tiere im Urlaub zu retten, kommt von der Tierschutzorganisation Peta: Sie ruft auf zum Hummerretten. Diese Krustentiere, aber auch Krabben und Krebse werden in der Gastronomie ja bekanntermaßen oft noch immer in siedendem Wasser zu Tode gegart. Früher dachte man, sie würden keinen Schmerz verspüren, das hat sich jedoch als Fehlglaube entpuppt. Wer einem Hummer den qualvollen Tod im Topf ersparen will, kauft ihn auf dem Markt, bringt ihn an den Strand und schenkt ihm das Leben – aussetzen statt aufessen!

Doktor Strand

Manche Dinge macht man offensichtlich automatisch richtig. Zum Beispiel habe ich immer schon Strandspaziergänge geliebt (wie Sie sich denken können). Ich kann stundenlang am Wasser entlanggehen, am besten, wenn der Sand schön fest ist und das Meer warm, sodass es angenehm ist, mit den Füßen ins Nass zu tauchen. Natürlich gehe ich am liebsten bei Sonnenschein. Aber ich mag auch raue See und Wind um die Nase und natürlich See- und Flussufer.

Und nun lese ich, dass Strandspaziergänge bei ganz normaler Gehgeschwindigkeit genauso viel für die Fitness bringen wie Joggen. Glück gehabt! Die Herzfrequenz steigt bei meiner Lieblingsbeschäftigung nämlich bis auf 130, das ist so hoch wie beim Rennen. Außerdem werden dabei dreißig Prozent mehr Sauerstoff und damit mehr Kalorien verbraucht als normalerweise, deswegen kann man mit Strandspaziergängen sogar abnehmen. Man braucht sich also gar nicht mit der superanstrengenden Joggerei zu quälen und wird trotzdem fit!

Schon allein das Barfußlaufen auf dem Sand tut gut – das ist kein subjektives Empfinden, sondern eine medizinische Tatsache, die auch von Orthopäden bestätigt wird. Der Aufenthalt am Strand beeinflusst sogar die Psyche positiv, auch das ist wissenschaftlich belegt – jüngst durch die sogenannte Blue-Health-Organisation, die es sich zur Aufgabe gemacht hat, die Wirkung der Umwelt auf Psyche und Gesundheit der Menschen zu untersuchen, und die bestätigt, was wir Strandliebhaber immer wussten: Der Aufenthalt am Meer macht die Menschen gesünder und sogar glücklicher. Und zwar ganz unabhängig von weiteren Lebensumständen wie Reichtum und so fort.

Am stärksten zeigt sich das natürlich bei all jenen, die direkt am Meer leben, aber auch alle anderen können von der heilsamen Wirkung eines nahen Gewässers profitieren – messbar sind die Effekte ab insgesamt 120 Minuten pro Woche am Wasser.

So richtig neu ist das alles natürlich nicht, werden Sie einwenden, und Sie haben recht – die Erkenntnis und auch die Gründe sind bekannt, ich sage nur: Reizklima, Jod, Salz, Magnesium, Spurenelemente. Davon leben Kurhotels seit ihrer Erfindung vor 200 Jahren. Seit dem 19. Jahrhundert wird die Heilwirkung des Meeres außerdem in der Thalassotherapie genutzt, dabei werden unter anderem kalte oder erwärmte Meeresbäder verabreicht und viele weitere meeresassoziierte gesunde Dinge getan.

Wobei man sagen muss, dass diese Therapie ja aus einer Zeit stammt, als man (u. a. aus sittlichen Gründen) noch nicht so unbeschwert ins Meer selbst gehüpft ist, und schon gar nicht in einer Badebekleidung wie der heutigen (sondern in den üppigen Badekleidern, über die wir bereits gesprochen haben). Heute sparen sich deswegen die meisten die Thalassotherapie und gehen einfach schwimmen – was ohnehin mit die gesündeste Sportart ist, weil die Gelenke dabei geschont werden und das Wasser den Körper massiert.

Doch kaum dass der Mensch sich ab den 1920er-Jahren leicht(er) bekleidet am Strand tummelte, bekam er Probleme mit der Sonne. Zwar füllt der Körper bei direkter Sonnenbestrahlung seine Vitamin-D-Speicher auf, was etwa eine halbe Stunde dauert. Doch spätestens ab diesem Zeitpunkt kehrt sich der Sonnenvorteil um und wird zum Nachteil, klar: wegen der Sonnenbrandgefahr. Die frühen Strandliebhaber und Sonnenanbeter erwischte es dabei kalt, sie waren auf die Gefahren der Sonne gar nicht gefasst. Schon seit Jahrhunderten, ja sogar Jahrtausenden hatte niemand seinen Rücken oder die Arme komplett ungeschützt der Sonne ausgesetzt – das letzte Mal wohl in der Steinzeit.

Und es wollte auch lange niemand braun werden. Nur Bauern und Arbeiter waren braun (allerdings auch nicht am ganzen Körper). Braunsein galt bekanntermaßen alles andere als fein und chic, und als sich das mit der Erfindung der Freizeit wandelte, waren die Badenden am Strand im wahrsten Sinne des Wortes schutzlos – niemand war gegen Sonnenbrand gefeit. Doch die Menschen wollten nun Sport treiben, auch breitere Bevölkerungsgruppen – nicht nur Wassersport, sondern auch Skilaufen und Bergsteigen, wobei ebenfalls hohe Sonnenbrandgefahr herrschte.

Erst ab den 1930er-Jahren gab es Sonnenschutzmittel, Vorreiter waren die Delial-Produkte von Bayer und Ambre Solaire aus Frankreich. Interessant ist, dass die Sonnenschutzmittel dafür warben, wie toll braun man werde, wenn man sie benutze, und nicht, wie gut sie vor Sonnenbrand schützen – der Sonnenschutz stand erst an zweiter Stelle bei den Kampagnen. Und nicht nur dort, sondern grundsätzlich, sehr zum Leidwesen der Dermatologen, die immer dringlicher warnten.

So richtig hatte man das Thema erst ab Ende der Achtziger, als das Ozonloch in aller Munde war, auf dem Plan, das war auch die Zeit, als plötzlich überall Sonnenschutzmittel mit hohen Schutzfaktoren erhältlich waren. Heute benutzt man Schutzfaktor 30, manchmal gar 50, doch noch in meiner Schulzeit waren 2 oder 3 das höchste der Gefühle.

Die Dermatologen warnen allerdings trotzdem, denn eigentlich ist Braunsein grundsätzlich ungesund. Und macht die Haut alt, leider. Doch entspricht es nach wie vor unserem Schönheitsideal, nach Urlaub auszusehen. Nicht nur die Haut soll sonnengeküsst wirken, auch das Haar finden manche besonders attraktiv, wenn es aussieht, als wäre man vor Kurzem dem Meer entstiegen. Zumindest existieren diverse Haarprodukte – Beach-Matt-Wachs und Sea-Salt-Lotionen –, mit denen man sich stylen kann, als säße man nach einem ausgiebigen Meeresbad auf dem Strandhandtuch und nicht in der U-Bahn auf dem Weg ins Büro.

Zwischen Meer, Strand und Kosmetik besteht ohnehin eine äußerst beständige Verbindung, von der unzählige Drogeriemärkte und Parfümerieketten bestens existieren. Vom Sonnenschutz über die After-Sun-Lotion (neuerdings auch für die Haare) zum Selbstbräuner (für Fake-Urlauber), zu den Sonnensträhnchen für die Haare und so weiter und so fort. Wobei natürlich auch die schön machenden Rezepturen aus dem Meer als Schönheitsmittel verwendet werden.

Die erwähnenswerteste Geschichte dabei ist die der Creme La Mer. Interessant ist sie aber weniger wegen der Inhaltsstoffe, sondern wegen des Marketings. Die Paste begann nämlich ihren Siegeszug als teuerste Creme der Welt, die Tiegelchen kosten über 200 Euro, und das allein nahmen schon viele als Beweis dafür, dass sie unfassbar wirkungsvoll sein musste. Doch es existierte ein noch wirksameres Verkaufsargument, ein Mythos, der sich um die Entstehungsgeschichte rankte.

Erfunden wurde die Creme von einem deutschstämmigen NASA-Physiker namens Max Huber, der in Kalifornien lebte und forschte. Doch eines Tages ereignete sich ein schrecklicher Unfall in seiner Forschungsstätte, eine Explosion, bei der Huber sich schwere Verbrennungen zuzog. Der Mann war aber Wissenschaftler, er ergab sich nicht einfach in sein Schicksal, sondern begann zu forschen, und zwar elf lange Jahre. Schließlich entwickelte er ein Elixier aus dem Meer, bestehend aus fermentierten Algenextrakten, und das heilte angeblich tatsächlich seine schlimmen Narben. Er behielt seine Creme nicht für sich, sondern verkaufte sie auch in kleinem Rahmen an Freunde und Bekannte weiter.

Zum Riesengeschäft wurde die Sache erst nach seinem Tod, denn seine Enkelin verkaufte die Rezeptur an den Megakonzern Esteé Lauder, der dem verkaufsträchtigen Mythos von der Narbenheilung erst so richtig Aufwind verschaffte. Lange galt die La-Mer-Creme als das Beste vom Besten im Anti-Aging-Bereich, erst in den vergangenen Jahren wurde sie kritisiert, und zwar wegen des hohen Anteils an Mineralölen. Außerdem sind die wichtigsten Bestandteile, aus denen sie gewonnen wird – Meeresalgen –, in Wahrheit ja gar kein sooo besonders kostbarer Stoff (siehe Sushi, wo das Zeug en gros verarbeitet wird), von daher erscheint der fulminante Preis nicht unbedingt gerechtfertigt. Die teuerste Creme ist La Mer ohnehin längst nicht mehr – es gibt mittlerweile noch kostspieligere.

Und es existiert sogar eine mit demselben Namen – fast jedenfalls: La mer, kleingeschrieben. Sie kommt aus Cuxhaven. Entwickelt wurde sie von einem Maschinenschlosser mit Namen Peter Gojny, der sich bei einem Aufenthalt in der Stadt vor rund fünfzig Jahren wunderte, warum die Leute sich am Strand mit Meeresschlick einrieben. (Und natürlich taten sie das nicht ohne Grund, sondern weil es gesund für die Haut und wohltuend war.)

Später schulte der Mann zum Physiotherapeuten um und bot in seinem kleinen Kurzentrum statt der üblichen Fangopackungen Schlickpackungen an, was offenbar gut ankam. Schließlich entstand aus dem Ganzen ein Kosmetikunternehmen mit zahlreichen Schönheitsprodukten, die von der Wirkkraft des Meeresschlicks profitieren. Eine Creme hat unlängst gar das *Öko-Test*-Label »gut« erhalten, und sie ist mit 34 Euro wesentlich günstiger als die Tiegelchen von La Mer mit großem M. Noch günstiger sind aber die Meeresalgencreme von Rossmann für 1,45 Euro (Testurteil »gut«) und natürlich der Originalschlick am Meer, der völlig gratis ist.

Die früheste Erinnerung meiner Generation an Kosmetik, die (quasi) aus dem Meer kommt, ist sicherlich die Einführung der Fa-Seife. Die Werbeexperten hatten damals, 1969, das Kunststück geschafft, dass der Spot dazu irgendwie für einen Zeitenwechsel stand, unter anderem weil viel Haut zu sehen war, sprich ein Bikinimädchen. Ich persönlich konnte mich an die Werbung selbst nicht mehr erinnern, weil ich damals ein Kind war, doch es kam wie ein Déjà-vu-Erlebnis alles zurück, als ich den Spot nun auf YouTube fand, und außerdem fühlte ich mich wie beim Betrachten einer Folge von »Mad Men«, weil er so schön nostalgisch ist.

Auf einen Frauenrücken in der Dusche wird dabei eine fröhlich durchs sonnenbeschienene Meer tauchende junge Schwimmerin im Bikini projiziert, dazu erklingt ein Abenteuer verheißender Jingle und der Slogan »Erregend wie ein Sprung in die prickelnde Kühle des Ozeans«. Außerdem heißt es dann, die Seife besitze die »milde Frische von Limonen« (wobei sich die Frage stellt, was Limonen mit dem Meer zu tun haben?!). Schließlich endet der Spot mit den Worten: »Wenn der Ozean nicht zu Ihnen kommt – holen Sie ihn doch! Mit der milden Frische der marmorierten Fa!«

Von der Logik her war das natürlich totaler Käse. Es passiert ja in Wahrheit nie, dass der Ozean aktiv zu einem kommt, außer bei einem Tsunami, und den möchte man nun wirklich nicht erleben, aber gut. Mindestens ein Jahrzehnt lang rochen alle Badezimmer, eigentlich die ganzen Wohnungen nach der »milden Limonenfrische«, die sich überall auf den Hippiejahren festsetzte.

Bald darauf gab es bei uns dann auch die Duftbäumchen fürs Auto, mit Meeresbrisenduft, der tatsächlich ja nie auch nur im Entferntesten nach echtem Meer roch. Die Bäumchen sollten den noch überall präsenten Zigarettenqualm vertreiben (besonders im Auto), wobei nie klar war, was penetranter war – der Qualm oder der »Duft«. Aber das ist ein anderes Thema.

Noch ein Kosmetikprodukt aus alten Zeiten: Früher hatten Teenager mit unreiner Haut (also fast alle) das Aok-

Meersandpeeling im Bad stehen. Damals gab es das noch nicht in einer Plastiktube, sondern trocken zum Selbstanrühren in (umweltfreundlichen) Papiertütchen.

Sand war also gesund, so die Schlussfolgerung. Es fühlt sich auf jeden Fall auch wohltuend an, auf warmem Sand zu liegen und zu genießen, wie die Muskeln sich lockern. Dass es regelrechte Gesundheitskuren mit Sand gibt, ist allerdings relativ unbekannt. Psammotherapie ist das entsprechende Fachwort dafür – *psammos* bedeutet »Sand« im Altgriechischen. Die Kenntnis von der Wirksamkeit des Sandes stammt nämlich aus der Antike, noch heute bieten (vereinzelte) Gesundheits- beziehungsweise Wellnesszentren Anwendungen mit Sand an. Ganz besonders wirksam scheint der Sand von Porto Santo zu sein.

Porto Santo ist nur ein kleines portugiesisches Inselchen, aber es besitzt einen üppigen goldenen Sandstrand. Das ist ein wenig merkwürdig, denn es handelt sich um das Nachbareiland von Madeira, das bekanntermaßen keinen einzigen natürlichen Sandstrand aufweist. Porto Santo hat den Sand ganz allein abbekommen, entstanden ist er durch ein vorgelagertes Korallenriff. Er enthält nicht nur Magnesium, Phosphor, Kalzium, Schwefel und Jod (wie Sand generell), sondern auch Strontium, (aber offenbar nicht in ungesunder, sondern in förderlicher Dosierung). Sandbäder auf Porto Santo helfen gegen Rheuma, Arthrose und Osteoporose und sollen sich sogar auf die Psyche positiv auswirken und Ausgeglichenheit schaffen. Man kann, muss aber dazu gar nicht unbedingt einen Kururlaub buchen – ein ganz normaler Badeurlaub reicht ebenfalls.

Für den derzeit wohl angesagtesten Gesundheits- und Schönheitstrend muss man nicht mal ans Meer fahren (wobei es dort auch möglich ist), Flüsse und Seen eignen sich ebenso. Ich spreche vom Winterschwimmen, das ja schon im allerersten Kapitel erwähnt wurde.

Wie beliebt das Winterschwimmen auf einmal war, fiel einem in den Pandemiewintern auf, da waren Schwimmbäder, Fitnesscenter und alles andere dicht, und irgendwas mussten die Leute ja mit ihrer Zeit anfangen. Mittlerweile gehören die Winterschwimmer zum ganz normalen Bild und begegnen einem bei jedem sonntäglichen Spaziergang in der kalten Jahreszeit an Seen und Weihern, Bächen und Flüssen, erkennbar an den ampelmännchenroten Gliedmaßen und dem vergeistigten Lächeln nach dem Bad – als hätten sie gerade eine Doppelpackung Glückspillen verschluckt.

Winterbaden stärkt das Immunsystem, hilft angeblich (wegen Endorphinausstoßes) langfristig sogar gegen Angststörungen, Panikattacken, Depressionen (aber bitte in solchen Fällen zuallererst professionelle Psychotherapeuten aufsuchen). Und es macht natürlich schön – schon allein wegen der Durchblutung!

Es handelt sich beim Winterbaden allerdings nicht um ein neues, sondern um ein wiederentdecktes Hobby – schon von Johann Wolfgang von Goethe ist es überliefert, dass er zum Baden die zugefrorene Ilm aufhackte. Orthodoxe Christen baden traditionell schon seit jeher am Dreikönigstag im kalten Wasser, in Griechenland beispielsweise wird an »Epiphanie« ein Kreuz aus dem Meer hochgetaucht. In vielen Orten dieser Welt ist außerdem das Neujahrsschwimmen in eisigem Wasser beliebt.

Man muss allerdings ein bisschen unterscheiden zwischen den Badeformen. Zunächst einmal sind da die Eisschwimmer, die es wie einst Goethe machen und sich in ausgesparten Öffnungen zwischen dem Eis ins (in dem

Fall kann man die Plattitüde wirklich mal anwenden) »kühle Nass« begeben. Außerdem existiert das sogenannte Winterschwimmen, bei dem man ein paar Züge oder sogar Runden im Wasser paddelt, und eben das Winterbaden, bei dem man einfach nur reinsteigt – höchstens bis zum Herzen, das soll am gesündesten sein, wobei der Kopf bedeckt gehört, damit er nicht auskühlt. Manche gehen auch einfach im Neoprenanzug ins Wasser, weil sie auf ihr ganz normales Schwimmtraining auch bei niedrigen Temperaturen nicht verzichten wollen, aber das nennt man dann wahrscheinlich einfach »Sport«.

Jedenfalls sollte man nicht mitten im Winter das allererste Mal ins eiskalte Wasser springen, denn dann haut es einem wahrscheinlich alle Sicherungen raus, und der Kreislauf bricht zusammen. Man kann sich mit kalten Duschen vorbereiten. Oder aber man hört nach dem Sommer einfach gar nicht auf, regelmäßig baden zu gehen, denn so gewöhnt man sich an das immer kälter werdende Wasser. So machen das auch die Winterschwimmer in Griechenland oder auf Mallorca, wobei man aber sagen muss, dass das Meer dort ja nie kälter als 14 Grad wird – für Isar- oder Nordseeanwohner sowieso eine eher normale Schwimmtemperatur.

Jedenfalls: Wenn man schließlich wieder aus dem Wasser kommt, muss man sich gar nicht warm abduschen (selbst wenn da eine Dusche sein sollte), denn es wird einem von allein wieder warm! Nasse Sachen sollte man aber wechseln. Viele der Winterbadenden, die ich an der Isar sehe, sind allerdings sowieso bis auf die Mütze nackt. Winterbaden ist inzwischen einer der wenigen Anlässe, bei denen es hier Nackte zu sehen gibt, dabei war München früher mal die Hauptstadt der »Nackerten«. Jedenfalls nannte die Boulevardpresse die Stadt in den Siebzigern und Achtzigern gerne so, lang ist's her. Aber dazu in Kürze.

Davor müssen wir der Vollständigkeit halber grundsätzlich auf die FKK-Bewegung und das Nacktbaden zu sprechen kommen, denn angeblich ist es ebenfalls ultragesund. Den Grund für die gesundheitlichen Benefits konnte ich allerdings noch nie so recht nachvollziehen. Liegt es daran, dass man nach dem Schwimmen nicht mit nasser Badebekleidung rumlaufen muss? Aber man könnte doch wechseln, das würde das Problem auch beseitigen …

Mittlerweile existiert tatsächlich eine Studie aus Großbritannien, die besagt, dass FKKler sich wohler mit ihrem Körper fühlen und sogar insgesamt in ihrem Leben zufriedener sind. Angeblich, weil sie durch das Nacktsein in der Gruppe erleben, dass auch die anderen nicht perfekt aussehen.

Das schaffen aber auch die Nicht-FKKler an einem ganz normalen Strand, wo die Leute Badebekleidung tragen, meine ich, denn die bedeckt ja auch nicht immer alle Wohlstandsbäuchlein und Speckröllchen. Nein, ich spekuliere, dass es für die Lebenszufriedenheit der Nudisten andere Gründe gibt – vielleicht ist es die Gemeinschaft untereinander, die sie einfach glücklich macht.

»Erfunden« wurde die Freikörperkultur, wie FKK ausgeschrieben heißt, im 19. Jahrhundert bei uns in Deutschland. Im Vordergrund stand dabei die Naturverbundenheit, auch Vegetarismus war damals bei den frühen Nudisten schon Thema. Zum Teil entwickelte sich der FKK-Kult auch aus der Wandervogelbewegung, einem Zusammenschluss jugendlicher Naturliebhaber. In den freien 1920er-Jahren erblühte das Nudistentum schließlich und gewann viele Jünger dazu. Bekannter Versammlungsort war insbesondere der Motzener See bei Berlin, wo die Nacktbader über die sogenannte Märchenwiese und den feinen Sand ins Wasser sprangen. Damals nannte man das »Schwedisches Baden« (obwohl es ja bei uns erfunden wurde!). Es gibt auch eine interessante Passage in Hans Falladas »Kleiner Mann, was nun?«, in der die Hauptfigur von einem Kollegen zum Nudistentreff eingeladen wird (ins Schwimmbad, nicht an den Strand) – und die Sache ein wenig skurril findet. Später dann wurde die Bewegung von den Nationalsozialisten dem »Kampfring für völkische Freikörperkultur« einverleibt (auch vorher gab es antisemitische Anklänge bei manchen Nudistengruppierungen).

Nach dem Zweiten Weltkrieg bildete sich die Freikörperkultur besonders stark in der DDR aus, und zwar ab 1959 an der Ostsee in Ahrenshoop, wo Intellektuelle, Schriftsteller, Schauspieler und andere Künstler sich zum Nacktbaden trafen und das als Freiheit begriffen, weshalb die Regierung zunächst hart dagegen vorging, allerdings mit relativ wenig Erfolg. Noch heute gibt es in der ehemaligen DDR mehr Nacktbademöglichkeiten als in den alten BRD-Gebieten. In den Siebzigern breitete sich die Nacktbewegung dann im Osten wie im Westen weiter aus – das war damals auch eine Art Hippieding. Nur dass man sie in München gar nicht Hippies nannte, der Begriff war nicht sehr geläufig. Sondern man nannte sie Gammler, und das spiegelte auch die Einstellung, die man ihnen gegenüber hatte.

Da wären wir nun bei den Nackerten in München, die weltberühmt waren in den wilden Siebzigern. Bis zu 14 000 tummelten sich seinerzeit an Sommertagen im Englischen Garten – rund zehn Prozent der Besucher insgesamt. Lange Zeit überschlugen sich die Zeitungen deswegen, der Skandal war groß, die nackten Gammler lagen überall herum, und sie lagen nicht nur, sie liefen umher oder spielten Frisbee. Wir als Kinder fanden das damals ziemlich igitt, wenn wir mal mit unseren Rädern durch den Englischen Garten fuhren – liegende Nackte kann man ignorieren, Frisbee spielende eher nicht ...

Irgendwann allerdings ebbte die Erregung ab, und es vollzog sich eine erstaunliche Kehrtwende: Plötzlich galten die Nackten als Tourismusmagnet, und München gerierte sich stolz als die freizügigste und modernste Stadt Europas, wenn nicht der ganzen Welt. Aber da gab es den nächsten Skandal: Nun fuhren die Nackerten Straßenbahn. Noch dazu schwarz!

Die Leute hatten nämlich entdeckt, dass es ein Riesenspaß war, sich im Eisbach vom Haus der Kunst bis zum Tivoli treiben zu lassen. Von dort musste man dann aber wieder zurück, und dazu bestieg man die Tram. Doch wer nichts anhat, kann auch keine Fahrkarte mit sich führen – mal abgesehen davon, dass sie im Eisbachwasser aufweichen und zum Abstempeln unbrauchbar würde. Weil die Nackten keine Ausweise mit sich trugen, taten sich allerdings die Kontrolleure ziemlich schwer ...

Die Tour durch den Bach lohnte das Risiko, ein Bußgeld zu kassieren, zweifelsfrei, ich hab's ausprobiert, allerdings im Badeanzug. Als ich etwa elf war, nahm mich eine Schulfreundin mit, die wiederum von ihrer älteren Schwester mitgenommen wurde. Es war ein echtes Abenteuer. Zumeist ging einem das Wasser nur bis zum Bauchnabel, stehen konnte man dennoch kaum, der Bach riss einen einfach mit. An manchen Stellen jedoch war er durchaus tief, unter den Brücken musste man außerdem mit dem Kopf untertauchen, weil damals dort Ketten gespannt waren, und zudem auf die Füße aufpassen – auf dem Grund lag manchmal Gerümpel, und man hatte Angst, sich zu stoßen. Auch der Ausstieg aus dem Eisbach war nicht einfach wegen der Wassergeschwindigkeit. Es war also ganz schön aufregend und bestimmt nicht ganz ungefährlich (deshalb ist es eigentlich auch verboten), aber alles in allem ein herrlich spaßiges Unterfangen, deswegen erinnere ich mich bis heute daran. Und auch daran, wie meine Freundin und ich später verschämt mit ihrer Schwester und deren Freund und der ganzen nackerten Clique in der Trambahn standen – wir beide zwar nicht nackt, aber dennoch peinlich berührt.

Nur damit keine Missverständnisse aufkommen: Natürlich finde ich es total okay, wenn jemand irgendwo nacktbaden will. Nur Jugendliche sollten nicht mitmachen müssen, wenn sie nicht wollen, dafür plädiere ich mit aller Bestimmtheit. Und Jugendliche wollen das grundsätzlich nie, das ist normal. Alle zum Beispiel, die ich kenne und die ihre Familienurlaube als Jugendliche auf den Nudistencampingplätzen in Südfrankreich oder Kroatien verbringen mussten, haben es gehasst. Denn damals war an solchen Orten das Nacktsein Pflicht, man durfte nichts anhaben, auch nicht, wenn man wollte. Viele fanden es außerdem unappetitlich, dass auch in den Supermärkten und Restaurants alle oben und unten ohne unterwegs waren. (Das hat sich verbessert, heute muss man auch im FKK-Bereich beim Essengehen meist nicht blankziehen, und Kinder und Jugendliche dürfen in der Regel sowieso angezogen bleiben, wenn sie das wollen.)

Die peinlichste Geschichte erzählte mein Bruder in diesem Zusammenhang über einen Freund, ich will sie

Ihnen nicht vorenthalten: Der Freund war etwa zehn oder elf, als er seine Ferien auf einem FKK-Campingplatz in Kroatien mit der Familie verbrachte. Mit der Nacktheit dort hatte er wohl kein Problem, aber er hatte einen Wunsch: Er wollte zu gern ganz allein in einem Café eine Cola trinken, denn das kam ihm vor wie das Sinnbild des Selbstständigseins. Die Eltern willigten ein, der Vater fuhr ihn mit seinem motorisierten Schlauchboot in den Nachbarort, der aber ein ganz normaler Ort war – ohne FKK. Der Junge bestellte sich stolz seine Cola an der viel besuchten Promenade, fühlte sich erwachsen und war happy.

Dann kam der Vater zurück, um ihn abzuholen. Weil er aber direkt vom FKK-Campingplatz kam und sich im Laufe des Urlaubs schon so ans Nacktsein gewöhnt hatte, dachte er gar nicht daran, eine Badehose anzuziehen. Er merkte nicht mal, dass er keine anhatte, als er das Bötchen festmachte und dann die Promenade entlang zu seinem Sohn schlenderte. Als er es merkte, war es zu spät, und das war ihm sehr peinlich. Dem armen Jungen aber noch tausendmal mehr! Und nun kann sich sicher jeder vorstellen, dass wir Kinder der Hippies den Nacktbadetrend nicht immer so super fanden wie die Elterngeneration …

Als ich selbst fast erwachsen war, wurde in München das Oben-ohne-Baden in öffentlichen Schwimmbädern erlaubt (was heute aber wieder nicht mehr gilt). Jedenfalls, wenn es schon erlaubt war, dann musste man es auch tun. Musste! Dachten wir. Es herrschte echter Gruppendruck, jede tat, als wäre sie total locker und alles völlig normal. Aber in Wahrheit war es einem unangenehm, ständig topless zu sein, und ich glaube auch nicht, dass wir zufriedener und psychisch gesünder waren, weil wir auf diese Weise die Unperfektionen bei allen anderen sehen konnten – wir sahen immer nur unsere eigenen Unperfektionen, obwohl da gar keine waren. Junge Menschen in der Blüte ihrer Schönheit machen sich ja immer die größten Sorgen um ihr Aussehen und erkennen gar nicht, dass sie das am allerwenigsten nötig haben. Jedenfalls kam dann bald auch schon die Fitnessbewegung, die an all diesen Selbstzweifeln gut verdiente.

Doch die Zeiten ändern sich: In Berlin wurde im Sommer 2021 eine junge Frau angezeigt, weil sie sich im Park neben einem Spielplatz ohne Oberteil sonnte – das ist dann das andere Extrem. Sie hätte zu uns kommen sollen: München hätte ganz gern wieder ein paar Nackerte zurück, schon allein als Touristenattraktion. Aber Fehlanzeige: An der Schönfeldwiese im Englischen Garten, wo FKK längst legal ist, bräunen sich nur die immer gleichen fünf alten nackten Männer, und auch an der Isar am Flaucher, wo noch lange Jahre Nackte im Kiesbett lagen, tragen nun die meisten Textil. Und selbst der alte Nackte von der Wittelsbacherbrücke ist verschwunden. Man sah ihn immer nur im Winter, da stand er an sonnenbeschienenen Brückenpfeilern in Turnschuhen, fast nackt bis auf die Ahnung von einem weinroten Lendenschurz (gehäkelt?) und immer brutzelbraun gebrannt. Im Sommer war er nie zu sehen, und seit ein paar Jahren ist er ganz verschwunden – hoffentlich irgendwohin, wo die Sonne immer scheint und niemand Anstoß nimmt an dem zu knappen Häkelschurz.

Eisbachschwimmer aber gibt es immer noch in der Trambahn, ich habe welche an der Haltestelle gesehen, eine große Gruppe junger Mädchen, als ich im Sommer mit dem Rad am Tivoli vorbeifuhr. Heute tragen sie Bikinis, Fahrscheine haben sie aber sicher ebenfalls nicht mit –

wie auch, sie sind ja klitschnass. Es waren die Töchter, vielleicht sogar Enkelinnen der alten Eisbach-Tram-Generation, barfuß, kichernd, bibbernd und noch ganz aufgeregt nach der wilden Tour durch den Bach, und wie freute ich mich für sie!

Gefährliche Buchten

Wäre dieser Text ein Horrorfilm, dann würde jetzt unvermittelt unheimliche Musik einsetzen und sich vermischen mit dem unbeschwerten Kinderlachen am Strand, diesem unserem Ferienparadies, das wir aus behüteten Familienurlauben lieben als einen unbeschwerten Ort zum Spielen, Schwimmen, Eisessen. Doch nun wäre da dieser nervenzersetzende, schauerliche Ton, und man würde nervös den Blick über die nun gar nicht mehr heil aussehende Bucht schweifen lassen und jeden Liegestuhl, jeden Schirmschatten, jede sich verdächtig aufwölbende Handtuchfalte scannen auf Hinweise für lauernde Gräuel. Bis das Entsetzen mit gänsehautauslösender Schrecklichkeit über die Szenerie hereinbräche und ein markerschütternder, schmerzhaft schriller Schrei laut werden würde: Aaaaaargh!!!!

Wie bitte?!? Horror am Strand, dem Heimatort der Harmlosigkeit, dem Zuhause von Sport und Spaß und Sommerlaune? Das kann doch gar nicht sein! Was kann denn hier schon Schlimmeres passieren als ein Sonnenbrand? Die Autorin übertreibt!

Das Gegenteil ist der Fall. Gefahr und Schrecken lauern noch im schönsten Idyll, wo Licht ist, ist eben auch Schatten, das gilt an Stränden genauso wie an allen anderen Orten. Und deshalb gehört die Liste der gefährlichsten Strände dieser Welt zu den regelmäßig wiederkehrenden Standards von Onlinereiseblogs, auf dass sich die Leser aus der Distanz wohlig gruseln mögen.

Eins sei gleich vorweggenommen: Optisch sehen die Horrorstrände alle so postkartenmäßig perfekt aus, dass man gleich sein Handtuch ausbreiten und in die Fluten tauchen möchte. Doch wehe ...

Nummer eins auf der Liste der Schrecken: das Bikini-Atoll, Mikronesien. Strände wie aus dem Traumreisekatalog, strahlend schön – leider im wahrsten Sinne des Wortes. Die Atombombenversuche der US-Amerikaner an diesem Standort liegen zwar schon über siebzig Jahre zurück, die Strahlenbelastung auf dem zu den Marshallinseln gehörenden Atoll hält aber noch bis mindestens 2040 an. Manche Areale sind sogar für die nächsten 24 000 Jahre verseucht – also quasi für immer.

Als wäre das nicht genug, umkreist auch noch eine große und besonders angriffslustige Haipopulation die Inseln. Die Haie können sich hier ungestört tummeln, da die Gegend von Fischfangflotten und anderen Schiffen überwiegend gemieden wird. Ob ihre Aggressivität irgendwie strahlenbedingt sein könnte (Mutationen?), wird immer wieder spekuliert, ist aber nicht bewiesen.

Außerdem tierisch gefährlich: Der Cable Beach im australischen Broome, wo ebenfalls Haie lauern – und zusätzlich auch noch Krokodile und Giftquallen. Auch in

Florida am New Smyrna Beach sind Haie ein Problem – und Wale, die dem Strand gefährlich nahe kommen. Währenddessen sind es am Flussstrand Alter do Chão in Brasilien Piranhas, die Badenden ans Leder wollen.

An zahlreichen anderen Stränden (etwa an dem von Ajuy auf Fuerteventura und am Hanakapiai Beach auf Hawaii) handelt es sich um tückische Strömungen, die das Baden lebensgefährlich machen, und in Recife an der Praia de Boa Viagem in Brasilien sind die Menschen das Problem – hier kommt es häufig zu bewaffneten Überfällen. Und zu Attacken von Bullenhaien, weshalb man höchstens bis zu den Knien ins Wasser gehen (oder vielleicht gar nicht erst herkommen) sollte.

Die Liste ließe sich noch ziemlich lange fortführen. Aber auch der Besuch von »ganz normalen« Stränden ist mit Risiken verbunden, das soll hier nicht verschwiegen werden. Der zuvor bereits erwähnte Sonnenbrand ist eines davon und alles andere als harmlos, das ist mittlerweile allgemein bekannt. Wie groß die Gefahr allerdings ist, wird nach wie vor unterschätzt – 60 000 Menschen sterben jährlich an den Folgen von Hautkrebs, der in neunzig Prozent der Fälle seine Ursache in zu hoher oder häufiger UV-Strahlung hat. Immerhin fällt man von einem einzelnen Sonnenbrand wohl kaum tot um. Im Falle eines Sonnenstichs oder eines Hitzschlags kann das aber durchaus passieren. Besonders gefährdet sind Babys und alte Leute.

Am Mittelmeer muss man immerhin kaum vor Haiangriffen Angst haben, es gibt zwar Haie – auch Weiße Haie –, Angriffe auf Menschen kommen aber kaum vor. Die gefährlichsten Fische lauern in Europa auch gar nicht im tieferen Wasser, wo Haie unterwegs sind, sondern im flachen: Petermännchen. Sie buddeln sich im Sand ein, und wer barfuß auf sie tritt, verletzt sich an den giftigen Stacheln. Diese verursachen starke Schmerzen und Schwellungen, für Allergiker besteht sogar Lebensgefahr.

Allergiker sind auch gefährdet, wenn sie mit Quallen in Berührung kommen. Zu den gefährlichsten Quallen der Welt gehören die (tropischen) Würfelquallen, wie zum Beispiel die (australischen) Irukandji-Quallen, in Europa muss man keine Angst vor ihnen haben. Anders als bei der Portugiesischen Galeere, sie kommt auch auf den Kanaren vor und treibt manchmal auf die Balearen. Im eigentlichen Sinne handelt es sich bei ihr um eine Kolonie voneinander abhängiger Polypen (aber das nur am Rande). Ihr Gift bereitet nicht nur Schmerzen, sondern löst auch Lähmungen aus und kann zu einem anaphylaktischen Schock führen.

Ein Risiko, das man normalerweise nicht auf dem Schirm hat: Verbrennungen an den Fußsohlen. Bei hellem Sand wird zwar in der Regel keine so hohe Temperatur erreicht, dass die Haut tatsächlich Schaden nehmen könnte, bei dunklem Sand besteht aber durchaus Brandblasengefahr. Noch tückischer: Feuerstellen, die achtlos zugeschüttet wurden. Dadurch ziehen sich (selten, aber regelmäßig) barfuß gehende Strandbesucher teilweise schwere Verbrennungen zu.

Sie merken, nun ist es ernst geworden in diesem Buch, über Verletzungsrisiken lässt es sich nicht kalauern. Worüber man ebenfalls nicht launig berichten kann und möchte, sind die gefährlichen Hinterlassenschaften aus dem Zweiten Weltkrieg an den Stränden.

Extrem tückisch sind dabei die Phosphorvorkommen in der Ostsee. Der Weiße Phosphor stammt von alten Brandbomben, die im Meer liegen, und wird an den Strand geschwemmt. Gefährlicherweise sehen die kleinen Bröckchen dem Bernstein zum Verwechseln ähnlich und werden mitunter von Strandbesuchern aufgehoben und eingesteckt. Sobald der Phosphor allerdings trocknet, entzündet er sich von selbst. Das passiert nicht nur am Meer, sondern auch an Binnenstränden. Erst 2020 wurde eine junge Frau am Steinhuder Meer, dem größten See Niedersachsens, verletzt, weil ihre Jacke durch ein am dortigen Strand aufgesammeltes Phosphorklümpchen in Brand geriet. Sie zog sich Verbrennungen zweiten Grades zu.

Vorsichtshalber sollte man beim Bernsteinsammeln also die Fundstücke nie in brennbare Materialien legen, sondern am besten in Blechdosen verwahren, um auf Nummer sicher zu gehen. Allerdings ist schon das Berühren des Phosphors beim Aufheben in noch feuchtem Zustand gefährlich, weil damit Vergiftungen an Nieren oder Leber einhergehen können. Einige Strandgänger jährlich müssen deswegen stationär behandelt werden.

Besonders groß ist die Gefahr unter anderem auf Usedom, wo sich in Peenemünde während des Zweiten Weltkriegs eine deutsche Waffenversuchsanstalt befand, die von der britischen Luftwaffe bombardiert wurde. Um die 4000 Phosphor-Brandbomben wurden nach Expertenschätzung damals über der Ostsee abgeworfen. Außerdem soll die deutsche Wehrmacht am Ende des Krieges achtzig Prozent ihrer chemischen Waffen in der Ostsee versenkt haben. Insgesamt sollen sich um die 300 000 Tonnen phosphorhaltiger Munition auf dem Meeresboden befinden. Das ist eine Wahnsinnsmenge, die sich der Vorstellungskraft entzieht. Das Zeug rostet vor sich hin und gibt peu à peu seinen giftigen und gefährlichen Inhalt frei, der manchmal auch an die Strände geschwemmt wird.

Mitunter liegt der Sprengstoff auch direkt im Sand, selbst heute noch, fast achtzig Jahre nach dem Krieg. Erst im Sommer 2022 wurde auf Wangerooge beispielsweise eine Mine entdeckt (und gezielt gesprengt), die sich dort all die Jahre befunden hatte. Nicht weit davon waren vor den Ostfriesischen Inseln zum Kriegsende Millionen Tonnen an Minen, Granaten, Munition und Torpedos entsorgt worden, sprich, sie wurden einfach im Meer versenkt.

Zu den alten Bomben kommen in Europa durch den Krieg gegen die Ukraine neue hinzu. Im Sommer 2022 berichteten die Medien immer wieder von verminten Arealen an ukrainischen Strandorten, etwa bei Odessa. Vor dem Krieg hatte hier reger Badebetrieb geherrscht. Seit Kriegsbeginn ist das Baden wegen der Minengefahr freilich verboten. Dennoch gab es immer wieder Anwohner, die trotzdem an den Strand gingen und sogar im Wasser schwammen. Tatsächlich ist es aber auch passiert, dass Menschen dabei durch Minen getötet wurden. Ein von deutschen Medien interviewter Anwohner sagte dazu, dass er dennoch nicht verstehe, warum das Baden in Kriegszeiten hier verboten sei. Das Autofahren sei schließlich auch erlaubt, obwohl dabei ständig Menschen durch Bomben getötet würden. Sein trockener Kommentar macht so fassungslos, weil er auf den Punkt bringt, dass im Krieg bei jeglichem Tun Lebensgefahr besteht – nichts, was vorher zum ganz normalen Leben dazugehörte, kann nun unbeschwert sein.

Es gibt noch mehr Strände in der Ukraine als die bei Odessa, es existiert eine lange sandige Küstenlinie mit diversen touristischen Ortschaften. Nach wie vor kann man auf Tripadvisor im Internet die schönsten Strände des Landes googeln. Trauriges Detail: Vom Sommer 2022 ist keine einzige Rezension vorhanden, natürlich nicht.

Die Fotos auf der Seite zeigen Szenen aus dem Leben vor der Zeitenwende, aus der Normalität, von der wir alle erst jüngst wieder erleben mussten, dass sie alles andere als selbstverständlich ist und in manchen Orten auch sehr lange nicht mehr sein wird. In Satoka an der Nehrung zwischen dem Dnister-Liman und dem Schwarzen Meer, einem Ort, der umgeben ist nur von Wasser und feinem weißen Strand, wurden in der Frühsaison im Mai 2022 Hotels bombardiert und in Schutt und Asche gelegt, als handelte es sich um militärische Ziele und nicht vollkommen harmlose Touristenstätten.

Ein weiteres Sicherheitsrisiko sind derzeit außerdem schwimmende Minen, die auch bereits an Schwarzmeerküsten außerhalb der Ukraine aufgefunden wurden, insbesondere in Rumänien, aber auch in der viel weiter von der Ukraine entfernt liegenden Türkei. Problematisch ist, dass in diesen Gewässern hauptsächlich Handelsschiffe unterwegs sind, die keine Geräte zur Minenerkennung besitzen. Die Minen sind schwarz, bei schlechtem Wetter sind sie im dunklen Wasser besonders schlecht zu sehen.

Nicht erst der Ukraine-Krieg hat Meer und Strände (auch) zu Orten des Grauens gemacht. Bereits vor ein paar Jahren gab es schreckliche Vorfälle mit terroristischem Hintergrund, die mittlerweile relativ erfolgreich aus dem kollektiven Gedächtnis verdrängt wurden. Dabei war das, was sich im tunesischen Sousse und in Hurghada in Ägypten ereignete, so unfassbar brutal und schockierend, dass man sich nur wundert, wie selten die Vorfälle heute noch erwähnt werden.

Die Täter 2015 in Sousse, Mitglieder der Terrorvereinigung Islamischer Staat, kamen vom Meer und metzelten 37 Badeurlauber mit Maschinenpistolen nieder, direkt am Strand. Die Bilder der Toten im Sand neben Liegestühlen und Schirmen, die später von den Polizisten notdürftig mit Tüchern bedeckt wurden, bestimmten damals die Nachrichtenlage.

Zwei Jahre später tötete ein Einzeltäter in Hurghada am Strand drei Frauen – zwei Deutsche und eine Tschechin – und verletzte vier weitere Menschen bei einer Messerattacke. Auch hier wird ein terroristischer Hintergrund, ausgehend vom Islamischen Staat, vermutet.

Nun sind Sie überzeugt, ich möchte Ihnen den ganzen Spaß am Strandbesuch nehmen. Das ist nicht mein Plan. Doch spricht man über den Strand, muss man die ganze Wahrheit ausleuchten, um sein Wesen zu erkunden. Jenseits der touristischen Prospekte, dort, wo das echte Leben sich abspielt, ist er leider nicht nur ein schöner, heiler Ort. Er kann auch ein Friedhof sein.

Im exakt selben Moment, in dem die einen bequem im Liegestuhl relaxen, kämpfen wenige Kilometer entfernt andere um ihr Leben, wenn sie versuchen, auf unzulänglichen Booten die Meerespassagen zwischen der Türkei und Griechenland, Libyen und Italien, Marokko und Spanien zu überwinden. Männer, Frauen, Kinder, Schwangere, Alte, Junge.

Es war am Badestrand im Touristenort Bodrum in der Türkei, als im September 2015 die Leiche des kleinen Alan Kurdi um sechs Uhr morgens angeschwemmt aufgefunden wurde. Bilder von dem zweijährigen syrischen Kind, das ein paar Stunden zuvor beim Kentern eines Flüchtlingsbootes ertrunken war, gingen um die Welt. Auch die

Mutter des Jungen, Rehanna, und der fünfjährige Bruder Ghalib kamen um, doch besonders die Silhouette des kleinen Alan, wie er da am Strand lag, war bestürzend. Das Foto wurde zum Symbol für die Flüchtlingskrise, es gilt als ebenso ikonografisch zu betrachten wie beispielsweise das des Napalm-Mädchens aus dem Vietnamkrieg.

Verändert hat der Schock von damals tragischerweise nichts, wöchentlich ertrinken weitere Flüchtende im Meer, überwiegend unbeachtet und ohne größere weltweite Aufmerksamkeit. In Zarzis etwa, im Süden Tunesiens, werden ständig Leichen aus dem Meer am Strand angeschwemmt, nicht nur ab und zu ein oder zwei, sondern mal um die vierzig, mal über fünfzig tote Menschen. Allein im Jahr 2020 wurden 165 Ertrunkene hier angespült, manche befanden sich davor monatelang im Wasser.

Auch Lampedusa ist stark betroffen, ebenso wie Malta oder Lesbos. Insgesamt sind seit 2014 über 25 000 Menschen bei Fluchtversuchen im Mittelmeer ertrunken. Dieses ist freilich nicht die einzige Meerespassage, die von Flüchtenden genutzt wird, unter anderem ertrinken an der Meeresgrenze zwischen Mexiko und den USA ebenfalls häufig Flüchtende. 103 Millionen Menschen waren im Jahr 2022 insgesamt weltweit auf der Flucht – ein Anstieg von 15 Prozent im Vergleich zum Vorjahr, hervorgerufen auch durch den Ukraine-Krieg.

Dass auch Kriminalität vielerorts zum Strand gehört, war bereits Thema. Zum Beispiel wenn es um Raubüberfälle an Urlaubsküsten geht, wie im Fall von Recife. Gerade in Brasilien, also auch in Rio oder Fortaleza, ereignen sich diesbezüglich viele Vorfälle, ebenso wie an diversen touristischen Spots in Südafrika.

In Mexiko sind gar nicht immer unbedingt (nur) Touristen die Ziele – oft weiten sich Auseinandersetzungen innerhalb von Drogenkartellen einfach bis auf die Strände aus. An der Riviera Maya an der Küste von Puerto Morelos nahe Cancún stürmten 2021 etwa 15 Bewaffnete den Strand und erschossen zwei Drogendealer, bevor sie wieder in Schnellbooten verschwanden. Ein paar Wochen zuvor waren eine Deutsche und eine Inderin im Badeort Tulum ums Leben gekommen, als es in einer Bar zu einem Schusswechsel zwischen einem Drogenboss und seinen Gegnern kam. Eine weitere Deutsche und eine Niederländerin wurden verletzt. Die Polizei fand nach der Schießerei 25 abgefeuerte Patronenhülsen in dem Lokal.

Mexiko gilt generell als extrem gefährliches Land – man denke nur an die vielen Entführungen in Mexiko-Stadt. Doch auch in unserer Nähe, auf »unserem« Mallorca, läuft man Gefahr, mitten am Tag überfallen zu werden. Im Sommer 2022 fanden am Can-Pere-Antoni-Strand, dem Stadtstrand von Palma, gleich mehrere Überfälle auf Touristen statt. Einmal beispielsweise wurden die Opfer mit Messern bedroht, ein anderes Mal mit Glasflaschen geschlagen.

Wenn es um kriminelle Delikte geht, muss natürlich auch die Piraterie (die es nach wie vor gibt, besonders in Südostasien) genannt werden. In früheren Zeiten wurde zwischen Piraten und Freibeutern unterschieden. Letztere galten als legitimiert, im Namen des eigenen Landes oder Herrschers Schiffe zu kapern. Es gab also quasi gute und böse Piraten. Mittlerweile werden auch die alten Piraten romantisch als Helden verklärt, insbesondere wenn sie ab dem sogenannten Goldenen Zeitalter der Piraterie (das heißt tatsächlich so) aktiv waren. Man denke nur an den

Roman »Die Schatzinsel« oder den Mythos über Kapitän Blackbeard (der eine reale Person und keine Figur aus einem Buch war).

Das Erkennungsmerkmal aller Piraten ist, dass sie ihre Raubzüge auf See durchführen, nicht am Strand. Ab etwa dem Jahr 1600 war das allerdings anders. Vor den damals äußerst aktiven Barbaresken-Korsaren, die aus dem Maghreb kommend operierten, war man auch an Land und insbesondere am Strand nicht sicher, ganz im Gegenteil – sie hatten sich insbesondere kleine Küstenorte für ihre Überfälle ausgesucht.

Am Mittelmeer grassierte das Piratentum seinerzeit schon seit Jahrhunderten, erfuhr nun jedoch noch einmal einen enormen Aufschwung durch die Barbaresken, auch Sarazenen genannt. Sie fielen über die Küsten des kompletten Mittelmeerraumes her, zogen weiter bis ins englische Cornwall und sogar bis Island. Ihnen ging es nicht nur um Gold und Geld, sie waren hinter den Küstenbewohnern her, die sie verschleppten und dann als Sklaven verkauften. Dies war eine Gefahr, die bis ins 18. Jahrhundert bestand.

In ganz Europa kann man die Spuren nachvollziehen, die die Angst vor Sarazenenangriffen hinterlassen hat: Fast überall gibt es alte Dörfer und Festungen in den Bergen, die nicht einsichtig waren von den Küsten. Meeresblick war damals nämlich hauptsächlich eines: ein Sicherheitsrisiko. Im Hinterland lebte man dagegen in der Hoffnung, dass vorbeifahrende Schiffe die Ansiedlungen vielleicht gar nicht bemerkten und ihre Bewohner ungeschoren davonkamen.

Ob auch Wikinger als Piraten zu bezeichnen wären oder nicht, darüber streiten sich die Historiker. Fakt ist, dass auch sie ihre Raubzüge über Küsten und Sandufer ausführten. Die recht kleinen und wendigen Wikingerschiffe, die kaum Tiefgang besaßen, konnten von den Mannschaften relativ leicht im Dunkeln an den Strand gezogen werden. Die Wikinger konnten sich so ihren Opfern unbemerkt und leise nähern. Auf diese Weise fielen sie über Meeres-, aber auch Flussstrände ins Inland ein. Beim Raubzug von 844 beispielsweise gelang es einer hundert Schiffe zählenden Flotte, die Küsten Aquitaniens zu plündern. Die Wikinger fuhren über die Garonne bis Toulouse, später überfielen sie Asturien und gelangten bis in die Gegend von Lissabon. Einige Schiffe zogen weiter nach Cádiz und Sevilla.

Ab Ende des 8. Jahrhunderts hatten insbesondere die Angelsachsen unter den Wikingern zu leiden. Diese hatten es auf die Schätze in Klöstern und Kirchen abgesehen, eroberten manche Gegenden auch dauerhaft und ließen sich dort nieder. Kleine Auffrischung des Geschichtsunterrichts: Ab 1013 saßen die Dänen sogar auf dem englischen Königsthron. (Wer hatte das noch präsent? Ich zugegebenermaßen nicht …)

Die Normandie hat bekanntermaßen sogar ihren Namen von den Männern aus dem Norden – die Normannen setzten sich aus Wikingern verschiedener skandinavischer Nationen zusammen (verkürzt gesagt). Jedenfalls kamen sie ab dem 9. Jahrhundert über Küsten und Strände in die Gegend und ließen sich nieder.

Eines der uns noch präsentesten Beispiele für kriegerische Auseinandersetzungen an einem Strand fand ebenfalls in der Normandie statt, rund tausend Jahre später: die Invasion der Alliierten am D-Day, dem 6. Juni 1944. Einer der Kriegsschauplätze während dieser Invasion war der Omaha Beach, wo US-Amerikaner eingesetzt waren. Sie fanden dort extrem schwierige Bedingungen vor, denn gleich nach dem Strand kommt ein Felsplateau, das nicht einfach zu erobern war. Es war die am schwersten umkämpfte Strandregion der Invasion mit den meisten Verlusten. Insgesamt kamen beim D-Day 4400 Alliierte und schätzungsweise 4000 bis 9000 deutsche Soldaten ums Leben. Der Soldatenfriedhof in Colleville-sur-Mer mit seinen 10 000 weißen Holzkreuzen kündet heute noch davon. Doch gilt das Datum als entscheidend für den weiteren Verlauf des Krieges und das Kriegsende.

Die größte Katastrophe, die sich in diesem Jahrhundert bisher ereignete, war der Tsunami im Indischen Ozean am zweiten Weihnachtsfeiertag 2004, bei dem über 225 000 Menschen ums Leben kamen. Es war eine Katastrophe, die viele hier bei uns wesentlich betroffener machte als beispielsweise das Erdbeben in Haiti 2010, das fast ebenso viele Todesopfer forderte, oder andere Naturkatastrophen. Dafür waren verschiedene Faktoren verantwortlich, zum Beispiel, dass manche der betroffenen Länder – wie etwa Thailand – den Deutschen als Urlaubsland vertraut waren (was bei Haiti seltener der Fall gewesen sein dürfte). Rund 130 000 Menschen fielen der verheerenden Welle in Indonesien zum Opfer, in Thailand waren es 8000. Bei den Nachrichten davon stiegen nun Erinnerungen an unbeschwerte Ferientage und an Begegnungen mit Einheimischen hoch.

Thailand wurde in den Achtziger-, Neunziger- und Nullerjahren zuerst touristisch entdeckt – und dann auch schon fast überrannt. Was es so verlockend machte: Die Reise dorthin war ein Abenteuer mit (vermeintlicher) Sicherheitsgarantie und für alle zu haben. »Für alle« ist dabei natürlich relativ – die Flüge waren einigermaßen teuer, jedes Jahr konnten die meisten sich das kaum leisten. Zu bedenken ist allerdings, dass es historisch einmalig war (und ist), dass ab den späten Achtzigern ganz normale Menschen mit ganz normalem gesellschaftlichen Hintergrund überhaupt in der Lage waren, sich selbst solche Reisen zu finanzieren – noch ein paar Jahrzehnte zuvor wäre einem allein der Gedanke abwegig vorgekommen.

Vor 200 Jahren ergab sich die Chance solch weiter Reisen allenfalls Forschern und Entdeckern wie etwa Alexander von Humboldt, als er Lateinamerika bereiste, oder dem jungen Charles Darwin, der mit dem Kartenvermessungsschiff *Beagle* über Brasilien und Feuerland bis Neuseeland kam. Das dauerte allerdings in beiden Fällen um die fünf Jahre, während wir nur rund 13 Stunden im Flieger zum Beispiel nach Bangkok brauchten. Weil Unterbringung, Essen und so weiter in Asien so kostengünstig waren, glichen sich die hohen Flugkosten dadurch sogar noch aus. Und so durfte man sich urplötzlich wie ein Weltentdecker fühlen, in einem Kosmos, der ganz anders war als alles, was man aus Europa kannte.

Ich selbst werde nie meine erste Reise nach Koh Lanta im Süden Thailands vergessen. Allein schon dieser erdige Tropenduft, den man bereits wahrnahm, wenn man dem Flugzeug entstieg! Die Orchideen! Die unglaubliche Schönheit überall!

Weil wir mit Kindern reisten, hatten wir ein Taxi für die Strecke vom Flughafen Phuket gemietet, was absolut bezahlbar und bequemer als der Minibus war. Die Fahrt dauerte einige Stunden, die wir (wegen Jetlags) überwiegend im Dämmerschlaf verbrachten. Wenn wir aber die

Augen aufschlugen, boten sich Aussichten, die wir davor nur aus dem Fernsehen oder von Bildbänden kannten. Ein Elefant mitten auf der Landstraße. Frauen mit Bambushüten auf dem Kopf. Obststände am Straßenrand mit aufgeschichteten exotischen Früchten, wie wir sie zuvor noch nie gesehen hatten. Schließlich die Überfahrt mit einer winzigen Fähre auf die Insel entlang eines kleinen Mangrovenwaldes. (Mangroven! Noch so was Unfassbares.)

Auf der Insel war es dann wie in einem Traum, es gab Kokospalmen, goldenen Sand, alles war perfekt. Abends kreiste ein Weißkopfseeadler am Himmel, einfach so. Die (fantastischen) Mahlzeiten nahmen wir an Korbtischen am Strand ein, barfuß im Sand. Wir spielten Uno mit der Tochter der Köchin und Beachvolleyball mit den Fischerkindern, die direkt an der Bucht lebten. Einmal schenkten sie uns Kokosnüsse, die sie von den Palmen holten (da war ich ziemlich erschrocken, denn die Palmen waren hoch). Überhaupt waren alle Menschen so liebenswürdig und freundlich, wie man es kaum kannte, und zu allem Überfluss war es hier sicher, es existierte sogar eine ordentliche medizinische Versorgung, es gab keine allzu hohe Kriminalitätsrate, und das Essen war (anders als etwa in Indien oder Afrika) auch für uns Fremde unbedenklich zu genießen. Thailand war (und ist) ein Paradies, Tausende Kilometer entfernt, aber doch vertraut und geliebt, deswegen machten die schrecklichen Nachrichten traurig und fassungslos, als wäre die Katastrophe vor unserer Haustür geschehen.

Gefährdeter Strand

Als die ersten orangefarbenen Garfield-Telefone am Strand gefunden wurden, lachten die Leute. Kaum einer dachte sich wohl allzu viel dabei. Es waren die 1980er-Jahre, die Garfield-Comics rund um den verfressenen Kater, den der Zeichner Jim Davis erfunden hatte, waren weltweit bekannt, die Trickfilmserie wurde in zahlreichen Ländern im Fernsehen übertragen, und manche fanden es irgendwie lustig, dass die Figur aus dem TV plötzlich im Sand lag. Kinder sammelten die Telefone bei Strandspaziergängen mit ihren Eltern ein und freuten sich.

Im Stadtbild von Le Conquet in der Bretagne nahe des betroffenen Strandes gibt es auf den ersten Blick eigentlich sonst kaum etwas, was nach Plastik aussieht – höchstens vielleicht die Mülltonnen. Alles wirkt schön wie aus einem Reiseprospekt, jede Ecke ist idyllisch und ursprünglich. Selbst Romane künden davon – das Örtchen wird in der bretonischen Krimireihe rund um Inspektor Dupin beschrieben. Garfield kommt nicht darin vor.

Es hörte dort allerdings nicht mehr auf mit der Garfield-Flut, nicht in den Neunzigern, nicht in den Nullerjahren und bis heute nicht. In dem 24 Kilometer langen Küstenabschnitt zwischen Plougonvelin und Plouarzel werden sie immer wieder angespült. Im Jahr 2018 wurde das Auffinden von 200 Stück (ganz oder in Bruchstücken) dokumentiert. Tatsächlich dürften es viel mehr gewesen sein, aber die Anwohner haben es sich zur Gewohnheit gemacht, sie auf ihren Spaziergängen zu entsorgen – und anderen anfallenden Plastikschrott ebenfalls. Die Kinder sammeln mit. Aus dem Fernsehen kennen sie den orangefarbenen Kater allerdings nicht mehr, die Garfield-Geschichten sind nun schon etwas veraltet und werden nur noch selten gesendet. Für sie ist Garfield der Kater vom Strand.

Nach wie vor wirken die angeschwemmten Spielzeugtelefone aus den Achtzigern fast wie neu – woran man sieht, wie langsam Plastik zerfällt. Erst 2019 wurde der untergegangene Container aufgefunden, aus dem die Telefone stammten: in einer Grotte an der Westspitze Frankreichs.

Plastikschrott im Sand – Containerunfälle wie der mit dem Garfield-Inhalt sind bei Weitem keine Ausnahme. So fallen jährlich über 500 Container mit Waren ins Meer, wobei es sich nur um eine geschätzte Zahl handelt, weil nicht alle derartigen Vorfälle gemeldet werden. Weitere rund 1600 Container gelangen durch Schiffsunglücke ins Wasser. Ein Teil der Ladungen wird an den Stränden angeschwemmt, und zwar zuhauf.

Die deutsche Journalistin Jennifer Timrott hat über das Strandgut aus den Containern und anderen Plastikschrott sogar ein Bestimmungsbuch veröffentlicht (»Strandgut aus

Plastik und anderer Meeresmüll«). Vor rund zehn Jahren waren ihr die Unmengen an Kunststoffmüll nach Stürmen auf der Hallig Hooge aufgefallen, Plastikflaschen und Verschlüsse, Fischerkörbe, Schuhe der Marke Hilfiger (wohl ebenfalls aus einem Container), alles Mögliche. Schließlich begann sie, die Hinterlassenschaften aus dem Meer zu sammeln, zu kategorisieren, zu entsorgen.

Wenn Plastik im Meer landet, wird es mit der Zeit zerrieben und gelangt als Mikroplastik in den Organismus von Fischen und Kleinsttieren, dies ist hinlänglich bekannt. Außerdem: Seevögel, Meeresschildkröten und andere Tiere verfangen sich in den Müllstücken und verenden. Plastik im Tierkörper stellt aber keine Ausnahme dar – es ist die Regel! 94 Prozent aller Wasservögel an der Nordsee haben bereits Plastik im Körper. Jährlich sterben eine Million Wasservögel und 100 000 Meeressäuger an der Plastikverschmutzung.

Wie unausweichlich der Kontakt mit dem Plastik für die Meerestiere ist, wird klar, wenn man sich die Größe der Müllansammlungen im Wasser anschaut, beispielsweise die Müllstrudel, die als Plastikteppiche im Ozean treiben. Der größte davon ist der sogenannte Great Pacific Garbage Patch, der schätzungsweise die Ausmaße von Mitteleuropa aufweist. Würde man ihn mit einem Schiff durchkreuzen, so würde man tagelang nur durch Plastikmüll schippern. Wahrscheinlich sogar durch Plastikmüll und Kadaver toter Meeresvögel, Fische und Meeressäuger.

Von der Müllverschmutzung ist aber nicht nur das Meer betroffen, sondern auch die Binnengewässer (was lange nicht besonders beachtet wurde). Untersuchungen am Gardasee haben vor gut zehn Jahren ergeben, dass Kleinstpartikel aus Kunststoff am Strand des Sees ebenso verbreitet sind wie an den Meeresküsten. Wie dort haben sich diese Partikel auch in Tieren im Wasser angereichert, so in Wasserflöhen. Über die Flöhe gelangen sie in die Körper von Fischen (und in den Magen der Menschen).

Wenn Plastikmüll in Seen landet, passiert dies unter anderem über verunreinigte Flüsse. Auch beim Fischfang landet Plastik im Wasser, etwa durch kaputte Netze. Oft ist es aber auch einfach nur der Müll, den Urlauber und Anwohner hinterlassen: Am Gardasee ist das Nordufer besonders betroffen, weil der Wind den Müll – aus Plastiktüten, Flaschen, Bechern und so weiter – dorthin treibt.

Man sollte meinen, dass diese Sorte Müll kein so großes Problem darstellt wie der, den die Industrie verursacht. Und natürlich umfasst der Industriemüll eine gehörige Menge: 20 000 Tonnen jährlich allein in der Nordsee, verursacht durch Offshore-Industrie, Fischfang und Schifffahrt. Ein weiterer riesiger Teil landet durch Mikropartikel, die in Kosmetik und Waschmitteln enthalten sind (und aus Funktionskleidung herausgewaschen werden) im Meer. Doch die größte Menge, der Löwenanteil des Mülls im Wasser, ist der sogenannte Blow Trash. Also eben die Plastikflaschen, Becher, Folien und Tüten. Leichtes Plastikzeug, das vom Wind ins Meer (oder in Flüsse und Seen) getrieben wird.

Dafür sind die Strandliebhaber mit verantwortlich, denn es handelt sich auch um ihre Trinkbehälter, um ihre Brotzeitverpackungen. Kaum jemand ist heute zwar noch so ignorant, Plastikabfälle bewusst ins Meer zu werfen oder liegen zu lassen, aber wer hat nicht schon mal eine leere Wasserflasche vergessen? Mitunter fährt auch nur einfach der Wind in einen Abfalleimer mit an sich ordentlich weggeworfenem Müll, dann wehen die Sachen ebenfalls irgendwann ins Wasser.

Für den Blow Trash sind aber nicht nur die Beachgänger verantwortlich – oft stammen die federleichten Kunststoffteile auch von Müllkippen und werden vom Wind über lange Strecken ins Wasser getrieben. Besonders problematisch sind dabei die dünnen Tüten, wie wir sie aus den Obstabteilungen kennen. Sie zersetzen sich erst nach rund 200 Jahren vollständig und setzen in dieser Zeit diverse Giftstoffe frei. In manchen Ländern, beispielsweise Indien, sind sie (offiziell) mittlerweile ganz verboten.

Insgesamt geht es bei solchen Verboten und auch bei Reinigungsmaßnahmen im Meer allerdings nur noch um Schadensbegrenzung: Manche Experten meinen, dass man das Meer nie mehr plastikfrei bekommt, durch keine Maßnahme. Denn siebzig Prozent des Plastikmülls schwimmen in den tiefen Bereichen des Meeres oder liegen bereits am Meeresboden – Abfischen unmöglich!

Wir hier in Deutschland fühlen uns manchmal in Umweltfragen fast ein wenig überlegen, weil es bei uns solch ein ausgeklügeltes Recyclingsystem gibt. Doch sind wir mit die allerschlimmsten Plastiksünder, denn wir sind Weltmeister in der Plastikherstellung. Der Trend zum »to go« führte in den vergangenen 25 Jahren dazu, dass die Menge des Verpackungsmülls aus Plastik bei uns um 95 Prozent anstieg. Wer denkt, das alles könne man ja einfach trennen und wiederaufbereiten, und gut ist es, sollte sich den Dokumentarfilm »Die Recyclinglüge« ansehen – der Titel sagt schon alles!

Allerdings ist nicht nur der Müll der Urlauber ein Problem für die Gewässer, sondern auch ihre Sonnencreme. In diesem Buch ist bereits von der Erfindung der Sonnenmilch in den 1930er-Jahren gesprochen worden und der Gefährlichkeit der Sonnenstrahlen für die Haut. Doch Sonnencreme schadet der Umwelt, und zwar immens. In manchen Gegenden dieser Welt ist sie deshalb mittlerweile sogar verboten, etwa an manchen Spots in Florida und Hawaii. Inhaltsstoffe im Sonnenschutz, wie Benzophenon-3 oder Nanopartikel (etwa von Zinkoxid), schaden den Meereslebewesen – und wahrscheinlich auch den Menschen selbst (wobei das Ausmaß noch nicht genau erforscht ist). Es existieren zwar mittlerweile umweltfreundliche(re) Alternativen ohne die beiden oben genannten Stoffe, aber eigentlich sollte man wohl ganz auf Sonnenschutzcremes verzichten.

Nur: Auf die Sonne sollte man dann dringend ebenfalls verzichten, wegen der Hautkrebsgefahr. Vor allem die besonders starke Sonne zwischen 10 und 16 Uhr sollte gemieden werden, grundsätzlich soll man sich mit langer Kleidung und Hüten schützen – also genau so, wie die Menschen es in früheren Zeiten schon getan haben.

Auch ich bin immer mit Sonnenmilch ans Wasser, oft habe ich mich kurz vor dem Schwimmen eingeschmiert – dabei sollte man erst eine halbe Stunde abwarten, um die Umwelt, sprich das Wasser, zu schonen. Ich wusste es nicht besser und muss mich dringend umorientieren.

Noch eine alte Sünde, die man sich in Zukunft abgewöhnen muss: Muscheln sammeln. An den allermeisten Orten der Welt dürfen Muscheln nach wie vor aufgehoben und mitgenommen werden, aber nur für den Eigenbedarf, als Souvenir, höchstens ein kleines Tütchen voll. Ob das noch lange so bleibt, darf bezweifelt werden, denn die Natur wird immer kostbarer. Gehäuse von Fechterschnecken und sogenannten Riesenmuscheln (in Wahrheit sind sie gar nicht riesig, sie können sogar recht klein sein) darf man in der Regel fast nirgends mitnehmen, allenfalls je drei Exemplare sind erlaubt.

In der Türkei und in Italien ist das Muschelsammeln bereits generell verboten. In Italien werden bei Übertretungen Bußgelder von bis zu 3000 Euro verhängt. Das gilt auch, wenn Sand als Souvenir abgefüllt und mitgenommen wird. Im Badeort Stintino auf Sardinien musste sogar schon mal ein Urlauber Strafe zahlen (hundert Euro), weil er sein Badehandtuch direkt in den Sand gelegt hatte, ohne eine Bademätte unterzulegen. Das trage nämlich zu viel des schönen weißen Sandes ab, hieß es. Sand ist kostbar, mittlerweile hat sich diese Erkenntnis herumgesprochen, und wird immer kostbarer.

Wenn es um den Wert des Sandes geht, wird in Artikeln immer wieder ein ganz bestimmter Satz bemüht: Sand gibt es eben nicht wie Sand am Meer. Das Bild ist ein bisschen schief, aber jeder versteht, was gemeint ist. Sand wird knapp. Das macht ihn zum teuren Gut. Er ist mittlerweile so wertvoll, dass man ihn sogar verkaufen kann. Es gibt einzelne Menschen und ganze Industriezweige, die vom Sand leben – im Kleinen wie im Großen.

Im Kleinen wären da zum Beispiel die Sandräuberinnen auf den Kapverden zu nennen. Sie verdienen sich ihren Lebensunterhalt, indem sie an der Küste vor Ribeira da Barca auf Santiago im stürmischen Atlantik nach Sand tauchen. Die Frauen schaufeln unter Wasser bis zu fünfzig Kilogramm in Eimer und befördern sie nach oben. Es ist eine harte und gefährliche Arbeit, und sie riskieren viel für ihre Beute. Dass sie da rausmüssen, ins tiefe Meer, liegt daran, dass sie auf den trotz des Tourismus armen Inseln keine wirtschaftliche Alternative haben. Und dass es am

Strand längst keinen Sand mehr gibt, denn der wurde bereits früher abgetragen und verkauft. Mittlerweile liegen hier an Land nur noch Steine.

Eigentlich ist der Abbau von Sand auf den Kapverden verboten, weil er aber als Baustoff für Hotels und Touristenunterkünfte gebraucht wird, wird der Diebstahl der Frauen nicht geahndet. Die Strände der Touristen werden indes natürlich verschont, der Sand hier wird nicht verkauft.

Die Sandräuberinnen verdienen nur das Nötigste mit dem Abbau. Auf der anderen Seite gibt es eine Milliardenindustrie, die vom Sand existiert. Was kaum jemand weiß: Sand ist nach Wasser unser wichtigster Rohstoff, unerlässlich für die Dinge, die wir konsumieren: Aus Sand wird Glas hergestellt. Er steckt im Computer und im Handy – Siliziumdioxid, aus dem Sand besteht, ist der Grundbaustoff für Mikrochips. Sand findet sich in Seife und Putzmitteln. Außerdem braucht man Sand zur Herstellung diverser weiterer Produkte, zum Beispiel von Papier, oder zum Trocken von Lebensmitteln. Auch in der Textilindustrie wird er verwendet. Doch am wichtigsten ist der Sand für die Bauindustrie. Sand ist die Basis für Beton, eine Tonne Beton besteht zu zwei Dritteln aus Sand. Jährlich werden dreißig Milliarden Tonnen (!) Beton hergestellt und für Neubauten benutzt. Industrie und Straßenbau verbrauchen weitere geschätzte zehn Milliarden.

Zwar sorgen die Flüsse der Welt normalerweise stetig für Nachschub und transportieren jährlich immerhin zwanzig Milliarden Tonnen »neuen« Sand an die Küsten, doch die Zunahme von Staudämmen verhindert das immer häufiger. Oft wird der kostbare Sand auch bereits in den Flüssen selbst abgebaut.

Aber egal, wo der Sand herkommt – der Handel mit ihm boomt. Siebzig Milliarden Dollar werden jährlich damit umgesetzt. Doch die Kosten des Sandabbaus sind unbezahlbar. Er zerstört Korallenriffe, Fischlaichgründe, Meerespflanzen und -tiere. Was er ebenfalls zerstört, sind Strände. Auch wenn er nicht direkt am Strand abgegraben wird. Denn wenn Sand vom Meeresboden gesaugt wird, rutscht der Sand an Küsten und Stränden nach, um die Lücken aufzufüllen. Drei von vier Stränden sind deswegen mittlerweile dabei zu verschwinden.

Strände sind nicht nur einfach schön, um baden zu gehen und Urlaub zu machen, sie haben auch eine natürliche Funktion. Sie schützen das Land vor dem Abbau durch die Kraft des Meeres. Wenn Strände verschwinden, sind menschliche Ansiedlungen gefährdet. Zur Erinnerung: Rund fünfzig Prozent aller Menschen leben an Küsten.

Die extremen Auswirkungen des Sandabbaus sind bereits heute zu beobachten. Indonesien beispielsweise beschuldigt den Staat Singapur, für das Verschwinden von achtzig Inseln verantwortlich zu sein. Achtzig Stück! Singapur nämlich hat seine Fläche in den vergangenen vierzig Jahren durch Bauvorhaben um zwanzig Prozent (130 Quadratkilometer) erweitert, allein in den vergangenen zwanzig Jahren wurden dazu zwanzig Millionen Tonnen Sand importiert.

Insgesamt »verbauen« aber die Chinesen den allermeisten Sand. Sechzig Prozent der jährlichen Förderquote wird von China »konsumiert« (daraus entstehen die rasant wachsenden Millionenstädte mit ihren Wolkenkratzern im Land). China gehört gleichzeitig zu den Ländern mit der höchsten Sandabbauquote, häufig wird er dort bereits in Flüssen abgetragen und erreicht das Meer gar nicht erst. (Was dies für die Lebewesen in den Flüssen bedeutet, kann man sich vorstellen.)

Neben China sind die größten Akteure beim Sandabbau Indien, Kambodscha, der Senegal. Die Negativfolgen sind gewaltig: Die Küsten schrumpfen, das Hinterland sinkt ab, die Gefahr von Überflutungen steigt, und deren Folgen verschlimmern sich, weil das Wasser nicht mehr so leicht abfließen kann. Derweil wird die Situation immer kritischer. Es existiert sogar eine regelrechte Sandmafia, die insbesondere in Indien und Marokko illegal abbaut, sodass vormals sandige Küsten zu kargen Felsenbereichen mutieren.

Auch Deutschland leidet extrem unter dem Verschwinden des Sandes, besonders wegen der hohen Brandungsenergie an den Küsten. Vor der Insel Sylt werden deshalb schon seit 1972 immer wieder Millionen Kubikmeter Sand künstlich aufgespült. Auch an anderen Orten wird verschwindender Sand durch neuen ersetzt, doch sehr nachhaltig und dauerhaft wirkt dies nicht – auch weil aufgespülter Sand bis zu zehnmal schneller wieder fortgespült wird als natürlich vorkommender. Strandaufbau führt aber ebenfalls zum Sandabbau – so skurril das auch klingen mag. Denn irgendwoher muss der Sand ja kommen, der da aufgebaut wird.

Die künstlichen Palm Islands in Dubai wurden komplett mit Sand erschaffen, der aus Australien importiert wurde. Dabei handelt es sich um Sand, der am Meeresboden abgesaugt wurde. Dass dies fatal für das bestehende Ökosystem ist, versteht sich von selbst. (Australien ist übrigens auch ein großer Akteur im Sandabbau-Business.)

Lange Zeit hieß es, dass Wüstensand für Bauzwecke nicht geeignet sei, unter anderem, weil die Körner zu einheitlich geformt sind. Mittlerweile gibt es Möglichkeiten, den Wüstensand zu bearbeiten und ihn für Bauvorhaben zu nutzen, was für die arabischen Ländern besonders interessant ist, die einen immensen Hunger nach Baumaterial aufweisen. Ob es aber eine Lösung ist, nun nach dem Meer auch noch die Wüste zu zerstören, muss sicherlich hinterfragt werden.

Was grundsätzlich die Lösung des Problems wäre? Weniger Neubauten – das wäre einer der Ansätze. Zudem das vermehrte Verwenden von Recycling-Baumaterialien. Das wird aber nur in Ausnahmefällen praktiziert. In Umbau- und Modernisierungsmaßnahmen bereits bestehender Gebäude werden ebenfalls Lösungen gesucht, aber kaum angegangen, weil es in der Regel viel billiger ist, alte Häuser abzureißen und einfach neu zu bauen.

Eine Lobby für den Sand gibt es dabei nicht wirklich. Das Problem des Mangels ist in der breiten Bevölkerung noch gar nicht ernsthaft angekommen, ebenso wenig wie die Probleme des Bausektors (sehenswert, wenn auch sehr deprimierend, ist zum Thema die Arte-Dokumentation »Sand: Die neue Umweltzeitbombe«).

Der Bausektor allerdings zerstört nicht nur die Strände, er stellt insgesamt ein Riesenproblem dar: Vierzig Prozent der CO_2-Emissionen entstehen dort. Auch dies ist eine Zahl, die kaum jemand kennt und die nur selten öffentlich diskutiert wird. Schon die hinlänglich bekannten Themen wie Autoabgase werden nur zaudernd angegangen. Insgesamt wird über die verzweifelte Jugend, die freitags auf die Straße geht oder sich gar darauf festklebt, wesentlich mehr geschrieben als über mögliche Lösungen für die Probleme, die unsere Welt existenziell bedrohen.

Der Untergang des Strandes passiert dabei längst auch vor unserer Haustür. Nicht nur auf Sylt, auch im Mittelmeer schwinden die Strände. Dies ist ein multifaktorielles Problem. Dazu gehören vermehrte Baumaßnahmen nahe der Küstenlinien, oft in ehemaligen Dünengebieten, die ebenfalls zu Sandknappheit führen, oder das Umleiten von Strömungen, wie es beim Errichten von Hafenanlagen oder (immer mehr) Containerhäfen stattfindet.

Abgenagt wird der Sand aber auch durch die dank Erderwärmung immer heftigeren und häufigeren Stürme. Mauern und Wälle im Meer helfen übrigens wenig, um den Sand aufzuhalten – im Gegenteil, mittlerweile weiß man, dass sie kontraproduktiv wirken, weil sie eben auch verhindern können, dass sich »neuer« Sand aus dem Meer an Land anreichert.

Manche Strände in Europa sind quasi schon tot, mitten unter uns, doch man sieht es ihnen gar nicht an. Beispielsweise die Barceloneta. Jährlich werden dort für eine Million Euro 100 000 Kubikmeter Sand aufgeschüttet, denn sonst wäre der Stadtstrand von Barcelona längst ein Steinstrand. Auch am Lido di Jesolo wird regelmäßig neuer Sand aufgeschüttet.

Man könnte natürlich argumentieren, dass auch ein Steinstrand ein Strand bleibt. Und natürlich gibt es schöne Steinstrände. Doch ein Steinstrand, der einmal ein Sandstrand war, ist nicht dasselbe, sondern einfach nur traurig.

Es sieht also nicht gut aus für unseren Strand …

Liebeserklärung an den Strand

Jetzt haben wir noch gar nicht über Tankerunglücke geredet! Nein, bitte nicht erschrecken – wir lassen Tankerunglück und Ölpest hier einfach aus. Es weiß ohnehin wohl jeder, wie schrecklich die sich auswirken. Nach all der Weltuntergangsstimmung im vorhergehenden Kapitel wenden wir uns nun zum Ende lieber etwas Schönem zu: der Liebe!

Natürlich der zum Strand. Es ist eine große Liebe, und sie wächst und wächst. Man kann sogar sagen, dass der Strand noch nie so sehr geliebt wurde wie heute. Schließlich ist es ja kein Zufall, dass es den Großteil aller Urlauber an den Strand zieht.

Strandurlaub reicht vielen nicht mal mehr. Sie wollen ständig in der Nähe des Objektes ihrer Zuneigung sein. Derzeit lebt die Hälfte der Menschen in der Nähe eines Strandes – diese Zahl wurde hier bereits erwähnt. In den USA sind es sogar 52 Prozent. Noch 2010 waren es lediglich 42. Wenn es so weitergeht und immer mehr Menschen ans Wasser ziehen, dann nähern wir uns in 15 Jahren der 60-Prozent-Marke!

Verkürzt gesagt: Alle wollen zum Strand! Am besten für immer! Kein Wunder: »Life is better at the beach« – das ist einer dieser kitschigen Sprüche, die es in verschnörkelter Typografie und gerahmt in Einrichtungsgeschäften zu kaufen gibt. »Don't worry, beach happy«, steht da ebenfalls oft.

Aber es ist ja wahr, das Leben ist wirklich besser am Strand! Das Glück beginnt in dem Moment, in dem Meeresrauschen zu hören ist – oder murmelndes Flusswasser. Wo der Blick nicht mehr eingeengt wird von Häusern und Wänden, sondern zum Himmel, gar zum Horizont fliegen darf. Wo der Atem der Welt sich in den Wellenbewegungen niederschlägt und im Menschen so ein jähes Glücksgefühl aufsteigt.

Am Strand geht es uns einfach gut, so ist es nun mal. »Diese schmalen Sandstreifen sind für Millionen, ja Milliarden von Menschen aufgeladen mit positiven Erfahrungen«, erläutert der Wissenschaftler und Stranderforscher Robert C. Ritchie. »Sie bieten eine Projektionsfläche für Wünsche. Hier ist es okay, Frisbee zu spielen, zu lesen, zu schwimmen. Aber es ist noch mehr okay, absolut gar nichts zu tun, keine Agenda zu haben, zu träumen.« Frei zu sein. Oder sich zumindest so zu fühlen.

Große Liebe kann aber auch eine große Last sein, in dem Fall für den geliebten Strand, und in den letzten Jahrhunderten war unsere Liebe zu ihm sehr toxisch. Haben wir den Strand zu Tode geliebt? Gibt es überhaupt noch Hoffnung für ihn?

Nun ja – die Hoffnung stirbt ja immer zuletzt. Ich hoffe also, wenn es für die restliche Welt noch eine Chance gibt, dann auch für unseren Strand! Immerhin arbeiten ein paar Leute daran, ihn zu retten. Auch wenn es noch (zu) zaghafte Anfänge sind.

Auf Mallorca zum Beispiel wird gegen Sandabbau mancherorts mit Algen experimentiert. Ist der Strand damit durchsetzt (wie früher, als das Ideal des sauber gerechten Strands noch nicht zelebriert wurde), dann wird der Sand nicht so leicht von Wind und Wasser abtransportiert.

Zahlreiche Firmen versuchen außerdem, das Plastik aus dem Meer wiederzuverwerten, in der Mode ist das sogar ein Marketing-Trend, spätestens seit der US-Popstar Pharrell Williams 2015 eine dementsprechende Kollektion vorlegte (Bionic Yarn). Es gibt auch Initiativen von Adidas und anderen Modefirmen, die recyceltes Meeresplastik in ihre Textilien einarbeiten. Und in Rucksäcke. Rucksäcke aus Meeresplastik gibt es mittlerweile wie – nun ja, Sie wissen schon …

Aus dem Strandmüll kann aber noch mehr entstehen als nur Nutzwaren. Besonders schön zeigt das die Künstlerin Thirza Schaap. Die Niederländerin sammelt Strandplastik und arrangiert es zu bezaubernden Stillleben in überwiegend sanften Pastelltönen, die sie als Fotografien ausstellt. Wobei ein gewisser Schockmoment mitinstalliert ist, wenn man auf den zweiten Blick erkennt, dass es sich bei den hübschen Eisblüten oder den zarten Zweigen um nichts anderes handelt als Abfall.

Auch der Künstler Stuart Haygarth hat eine schöne Form gefunden, Meeresplastik zu ästhetischen, oft farblich abgestimmten und grafisch klaren Kompositionen zusammenzufügen und auf diese Weise auf den Missstand der Meeresvermüllung hinzuweisen – und es gibt noch viele künstlerische Beispiele mehr.

Als Gewissensentlastung für Touristen mit Strandsehnsucht existieren außerdem zahlreiche Angebote für nachhaltige (Strand-)Reisen. Mal sind die Hotels über Ökozertifikate klassifiziert, mal werden lokale Kleinunternehmen mit schmalem CO_2-Fußabdruck unterstützt – die Ideen und Angebote sind weitgefächert und ganz einfach googelbar. Außerdem: Alles, was der Umwelt hilft, hilft auch dem Strand.

Aber eines muss ganz klar sein: Es reicht natürlich absolut nicht, bewusster zu konsumieren. Es reicht nicht, Müll-Kunst zu betrachten oder mit den Kindern aus angeschwemmten Flaschendeckeln irgendwas zu basteln. Es reicht nicht, wenn der Einzelne sein Verhalten ändert. All das ist ganz entschieden zu wenig! Da muss schon sehr viel mehr passieren! Was nicht heißt, dass der Einzelne den Strand nicht trotzdem gut behandeln sollte, keine Frage, und zum Beispiel (Stichwort Nachhaltigkeit) nicht immer per Flieger anreist, sondern auch mal per Bahn – oder sogar zu Fuß.

Ich selbst bin auch gerade zu Fuß angekommen. Mittlerweile ist es Spätherbst geworden, die Luft riecht nach Laub, die Kiesel am Boden sind feucht. Ein paar Meter weiter stapft ein Hund im seichten Wasser herum. Das Licht des Himmels ist grau, die Farben sind gedämpft – auch mal ganz schön! Ich wüsste gern, wie kalt das Wasser ist, und tauche mit der Hand hinein.

Machen Sie einfach mit! Denn jeder hat einen Strand um die Ecke. Nicht immer einen Meeresstrand, aber vielleicht das Kiesbett eines Baggersees. Oder einen kleinen Bach. Gehen Sie hin und freuen Sie sich daran!

3054 Gründe,
Griechenland zu lieben

Coveränderungen vorbehalten

Stella Bettermann

Gebrauchsanweisung für die griechischen Inseln

Piper Taschenbuch, 224 Seiten
ISBN 978-3-492-27742-6

Weiß getünchte Häuser mit blauen Kuppeln, glasklares Wasser und ein Hauch von wildem Thymian – da denkt jeder sofort an die griechischen Inseln, dabei gleicht keine der anderen. Stella Bettermann führt uns zu Inseln zum Wandern, Surfen und Baden, zu touristischen Highlights, aber auch zu Geheimtipps. Sie erzählt von der Geschichte der Inseln, von Architektur, Kunst und Kultur, verrät, wo die schönsten Strände und Buchten zu finden sind und wo man noch in traditionelles Dorfleben eintauchen kann.